Jörg Klinger

Das Erfassen von Zeit im Kontext der Vergangenheit

CHRONOI

Zeit, Zeitempfinden, Zeitordnungen
Time, Time Awareness, Time Management

Herausgeben von
Eva Cancik-Kirschbaum, Christoph Markschies und
Hermann Parzinger

Im Auftrag des Einstein Center Chronoi

Band 16

Jörg Klinger

Das Erfassen von Zeit im Kontext der Vergangenheit

Zu den Anfängen der hethitischen historischen Erzählungen

DE GRUYTER

EINSTEIN
CENTER
Chronoi

ISBN 978-3-11-914200-7
e-ISBN (PDF) 978-3-11-222341-3
e-ISBN (EPUB) 978-3-11-222376-5
ISSN 2701-1453
DOI https://doi.org/10.1515/9783112223413

Library of Congress Control Number: 2025943661

Bibliografische Information der Deutschen Nationalbibliothek
Die Deutsche Nationalbibliothek verzeichnet diese Publikation in der Deutschen Nationalbibliografie; detaillierte bibliografische Daten sind im Internet über http://dnb.dnb.de abrufbar.

Druck und Bindung: CPI books GmbH, Leck

www.degruyterbrill.com
Fragen zur allgemeinen Produktsicherheit:
productsafety@degruyterbrill.com

Gernot Wilhelm zum 80. Geburtstag gewidmet

Notiz: Als ich zum ersten Mal die Gelegenheit hatte, G. Wilhelm persönlich kennenzulernen, anläßlich einer von V. Haas in Konstanz organisierten Tagung, auf der ich meinen allerersten wissenschaftlichen Vortrag hielt, konnten wir uns im Gespräch zwar nicht darauf einigen, ob man denn einen Ḫattušili „II." unter den direkten Vorgängern Šuppiluliumas I. streichen sollte, doch wechselten wir nicht nur deshalb bald das Thema. Ich registrierte erfreut, daß die Leidenschaft zum Werk Thomas Manns, das mich in der Zeit selbstgewählt in die prekäre Lage gebracht hatte, mir als Gegenstand meiner mündlichen Magisterprüfung im Fach Germanistik ausgerechnet ein derart umfangreiches Werk wie die Josephs-Romane mit seinen vielen Ebenen, die bis zur Tiefenpsychologie Freuds und Jungs oder Roosevelts New Deal reichten, zu wählen, wiederum bei Gernot Wilhelm auf großes Interesse stieß, zählte doch der Zauberberg zu den Werken der deutschen Literatur, das ihm mit am liebsten war. Freilich bestärkte er mich darüber hinaus in meinem Plan, mein Studium bei E. Neu in Bochum fortzusetzen, wie er wiederum Jahre später mit dem Vorschlag, doch in Würzburg meine Habilitation abzuschließen, erneut großen Einfluß auf meinen eigenen Werdegang hatte, wofür ich ihm großen Dank schulde.

Vorwort

Die von Jörg Klinger vorgelegte kleine Monographie *Das Erfassen von Zeit im Kontext der Vergangenheit* ist das Ergebnis thematischer Schnittmengen zwischen dem Einsteinzentrum *CHRONOI – Time and Awareness of Time in the Ancient World* und der DFG-Kollegforschungsgruppe 2615 *Rethinking ‚Oriental Despotism': Strategies of Governance and Modes of Participation in the Ancient Near East.* Diese Schnittstelle ergibt sich nicht nur aus einer geographischen Nähe – die beiden Forschungszentren arbeiten in unmittelbarer Nachbarschaft auf dem Campus der Freien Universität Berlin. Sondern mit dem antiken Vorderasien forschen beide Zentren zu einem kulturgeschichtlichen Großraum, in dem die Konstitution von historischem Bewusstsein und die Organisation von Vergangenheit in vormodernen Gesellschaften über mehrere Jahrtausende hinweg beobachtet werden kann. Von besonderem Interesse ist dabei die Art und Weise, wie Wissen um Vergangenheit(en) in sozialen, politischen und medialen Kontexten erzeugt, geordnet und funktionalisiert wird. Diese Frage stellt sich allerdings nicht nur an die bzw. innerhalb von vergangenen Gesellschaften, sondern sie gilt auch der modernen im weitesten Sinne historischen Forschung und der Art und Weise, wie diese wiederum durch ihre jeweiligen gesellschaftlichen Rahmenbedingungen geprägt wird.

In seiner hier vorgelegten Untersuchung zu den Anfängen der hethitischen historischen Erzählungen geht es gerade auch darum, diese beiden Ebenen miteinander in Beziehung zu setzen. In diesen Texten aus dem 2. Jahrtausend v. Chr. erscheint ‚Vergangenheit' nicht als objektiv gegebene Größe, sondern als diskursiv und materiell strukturierte Kategorie, die in spezifischen historischen Momenten Bedeutung erhält bzw. der Bedeutung zugewiesen wird. Ausgangspunkt sind dabei die epistemischen Bedingungen, unter denen Vergangenes in Quellen – seien es Texte, Artefakte oder Praktiken – konfiguriert wird, und wie diese Formen der Vergangenheitsproduktion Rückschlüsse auf kollektive Identitätsbildungsprozesse, Machtverhältnisse und kulturelle Selbstverortung ermöglichen. Ein besonderer Schwerpunkt liegt dabei auf der schriftlichen Vermittlung vergangenen Geschehens und der Erfassung der zeitlichen Dimension eben dieses Geschehens. Neben diese auf die antiken Quellen selbst gerichtete Perspektive tritt die kritische Betrachtung der Forschung, die der hethitischen Historiographie gerne eine Sonderstellung innerhalb der altorientalischen Überlieferung zugewiesen hat.

Die Auseinandersetzung mit vormodernen Formen des Zeitbezugs fordert uns heraus, etablierte Konzepte wie „Ereignis", „Tradition" oder „Gedächtnis" zu

 https://doi.org/10.1515/9783112223413-001

überprüfen und zu kontextualisieren. Hier einen kleinen Beitrag zu liefern, ist das Ziel des vorliegenden Bandes.

Für das Einstein-Center CHRONOI
Eva Cancik-Kirschbaum im Juni 2025

Danksagung

Der Beitrag wurde im Rahmen meiner Arbeit für die Kollegforschungsgruppe 2615 abgeschlossen, die von der DFG seit 2017 nachhaltig gefördert wird, wofür ich der DFG, aber ebenso der Freien Universität, die das Projekt immer unterstützt hat, zu großem Dank verpflichtet bin. Außerdem gebührt ein besonderer Dank der „Hethiterrunde" der KFG 2615, in der ich Gelegenheit hatte, Überlegungen, die hier vorgestellt werden, bereits in einer angenehmen und anregenden Diskussionsatmosphäre zu erörtern. Neben T. Kitazumi, M. Pallavidini und L. Wilhelmi beteiligten sich in diesem Falle auch J. Burgin und I. Gerçek, die im Sommer 2024 als Fellows an der KFG waren. Besonders verpflichtet bin ich jedoch S. Aro, mit der ich einige Aspekte diskutieren konnte, und die sich darüber hinaus der Mühe unterzogen hat, das Manuskript in seiner Entstehung zu begleiten; ihre kritische Kommentierung hat dazu beigetragen, daß manches jetzt hoffentlich klarer präsentiert wird, wofür ich ihr herzlich danke. Alle Unklarheiten, Unzulänglichkeiten oder schlicht Fehler liegen freilich allein in meiner Verantwortung.

 https://doi.org/10.1515/9783112223413-002

Inhalt

Vorwort — VII

Danksagung — IX

1 Das Erzählen von Vergangenheit — 1

2 Der Erfahrungsraum des Vergangenen — 5

3 Das Erfassen von Vergangenheit im Erzählen — 10

4 Wenn das kommunikative zum kulturellen Gedächtnis wird — 15

5 Die Anfänge historiographischen Erzählens in der hethitischen Überlieferung — 19

6 Die Vorgänger Ḫattušilis I. — 23

7 Ḫuzzija, ein „hethitischer" König vor Ḫattušili I. — 29

8 Historiographie vor Ḫattušili I. — 38

9 Nochmals zur Frage der Datierung des Zalpa-Textes — 45

10 Ein Ḫuzzija oder mehrere? — 56

11 Schluß — 66

Literaturverzeichnis — 67

Register — 75

„Die handgreifliche oder augenscheinliche Begegnung mit dem geschichtlichen Stoff, sei es Schrift, Beschreibstoff, Kunstwerk oder Landschaft, ist die Voraussetzung des ‚Begreifens'. Es gehört auch Liebe dazu; Ranke wußte das und vielleicht hat keiner so wie er die Atmosphäre und die innere Lust schildern können, die den wahren Historiker vor dem Anblick und der Begegnung mit den geschriebenen Zeugnissen der Vergangenheit ergreift."

Ahasver von Brandt

„Nie zeigt eine Quelle, was gesagt werden soll, immer aber zeigt sie, was nicht gesagt werden darf."

Reinhard Koselleck

1 Das Erzählen von Vergangenheit

„Tief ist der Brunnen der Vergangenheit“[1] – auf diesen schon fast sprichwörtlichen Beginn des selbstverständlich nicht zufällig, sondern vielmehr bewußt anspielungsreich als „Vorspiel“ betitelten einleitenden Essay, den Thomas Mann dem ersten Band seiner Tetralogie über Joseph und seine Brüder vorangestellt hat, die eigentlich gerade für Altorientalisten Pflichtlektüre sein sollte, wird in historiographischen Werken immer wieder gerne Bezug genommen.[2] Schon deutlich weniger bekannt dürfte die Fortsetzung sein: „Sollte man ihn nicht unergründlich nennen?“ – und man geht vermutlich nicht fehl in der Annahme, daß wiederum diesen Beginn des gut zweieinhalbtausend Seiten umfassenden umfangreichsten Werkes von Thomas Mann, dessen Romane sich schon generell nicht unbedingt durch ihre übersichtliche Länge auszeichnen, sehr viel mehr gelesen haben, als die, die dann bis zum letzten Satz gelangt sind, nachdem Joseph beschlossen hat, ins „drollige Ägyptenland“ zurückzukehren: „und so endigt die schöne Geschichte und Gotteserfindung von Joseph und seinen Brüdern“, denn „tief“, in vielerlei Hinsicht, ist nicht nur der besagte Brunnen, sondern dieses Werk tatsächlich.

Mit „unergründlich“ spielt Thomas Mann auf den unendlichen Rekurs historischen Erzählens an, das von jedem berichteten vergangenen Ereignis zu dem davor zurückschreiten kann, wenn denn die Erinnerung oder eben die Quellen immer weiter zurückreichen, so weit, bis man schlußendlich die Grenzen der Geschichte überschreitet und beim Mythos ankommt.[3] Und genau dieses immer weiter Zurückschreiten soll uns hier interessieren, ein Aspekt des Erinnerns, der vielfach behandelt wurde und für die Entstehung von Historiographie zentral ist: woher weiß man, was früher geschah, wie weit reicht Erinnerung zurück und

1 Thomas Mann, Joseph und seine Brüder I – Die Geschichten Jaakobs (GKFA 7.1), 2018, IX.

2 Selbstverständlich auch in der altorientalistischen Literatur wie z. B. bei Selz 2004, der überdies, belesen wie immer, darauf verweist, daß es sich hier womöglich gar um eine Anspielung auf eine Zeile aus dem Gilgameš-Epos handeln könnte (Selz 2004, 39 n. 98), etwas, was den Autoren des Kommentars in der Großen kommentierten Frankfurter Ausgabe entgangen zu sein scheint, die dafür auf Stellen aus der Bibel oder, ebenso notorisch bei Th. Mann, bei Goethe verweisen; vgl. Assmann et al., Joseph und seine Brüder I – Kommentar (GKFA 7.2), 2018, 447.

3 Vielleicht ist es nicht einmal zu weit gegriffen, genau diesen Prozeß im hethitischen Zalpa-Text dingfest zu machen, der mit seinen so außerhalb eigentlicher historischer Sphären liegenden Beginn und der späteren Fortsetzung mit schwerlich zu leugnenden Bezügen zu Ereignissen, die man wohl zwischen dem Ende der altassyrischen Handelskolonien und dem traditionell vermuteten Beginn der eigenen Überlieferung, die mit Ḫattušili I. begonnen haben soll, und die in Form des Bezugs auf Generationen erfaßt werden, datieren kann. Nach dem „Großvater des alten Königs“ überschreitet die Erinnerung die Grenzen zum Mythos (oder Märchen) in der Zeit der „Königin von Kaneš“. Darauf wird noch ausführlich zurückzukommen sein.

 https://doi.org/10.1515/9783112223413-003

welche Rolle spielen dabei und vor allem ab wann die Quellen, wenn die persönliche Zeugenschaft endet, die zunächst, sei es als Augen- oder als Ohrenzeuge, Gewähr dafür bot, daß das, was erzählt wird, nicht einfach sich nur der Imagination verdankt? Der *floating gap* zwischen dem, was das personengebundene Gedächtnis zu leisten in der Lage ist und das in aller Regel mit einer Zeitspanne von drei Generationen angegeben wird, trennt im klassischen Konzept J. Assmanns das kommunikative vom kulturellen Gedächtnis[4], das durch andere, besonders materielle „Speicher" befähigt wird, diese Grenze gleichsam unbegrenzt immer weiter zurück zu überschreiten. Für eine erst beginnende schriftlich fixierte Erinnerung, für die Anfänge einer historiographischen Tradition sollte genau dieser Übergang ja durchaus ein Problem darstellen, dem, wenn ich recht sehe, bisher noch nicht wirklich Aufmerksamkeit geschenkt wurde. Wir wollen das am Beispiel der hethitischen Historiographie hier versuchen nachzuholen.

Der Umgang mit zeitlichen Verläufen bzw. der Zeit[5] schlechthin war und ist immer ein zentrales Problem der Historiographie, wie sich schon daran erweist, daß sie teilweise direkt aus dem Bedürfnis, den Ablauf von Zeit zu erfassen, erwachsen konnte. Die ägyptische Form der Annalistik dürfte dafür ein Beispiel sein, da sie doch wohl direkt auf Jahrestäfelchen zurückgeht, auf denen verschiedene Ereignisse kontinuierlich festgehalten wurden, die man vor allem zum Zwecke der Datierung anfertigte.[6] Das Charakteristikum des Berichtens von Ereignissen, ob

---

4 Assmann 1992, 48–50, gestützt auf verschiedenste Beobachtungen; interessant, daß er dort die griechische Historiographie nach demselben Muster gliedert. Hesiod greife auf die charakteristische Zeitspanne von 80–100 Jahren zurück, für die noch Erinnerungen verfügbar seien, darauf folgten die „dark ages", die mit dem Zeitraum zwischen etwa 800–1100 v. Chr. angesetzt werden, und davor würde die Zeit durch die griechische Mythologie abgedeckt. Diese drei Generationenregel wird bis heute in den unterschiedlichsten Zusammenhängen immer wieder aufgegriffen; vgl. noch u. a. Allgaier et al. 2019, 186–187.

5 Auf das weite Feld dieses Themas wollen wir uns hier nicht weiter begeben, sondern stellvertretend auf den einige allgemeine Überlegungen aufgreifenden Beitrag von A. Landwehr verweisen (Landwehr 2020; die überarbeitete Fassung eines Beitrages von 2012), auch wenn dazu einiges zu sagen wäre. Insbesondere erscheint mir der dort propagierte Ansatz in geschichtswissenschaftlichen Zusammenhängen von einer „Pluritemporalität" (vgl. Landwehr 2020, 45–46) auszugehen, nicht so völlig neu zu sein, wie auch das Interesse für unterschiedliche „Zeitpraktiken" gerade in der altorientalistischen Forschung schon eine gewisse Tradition hat; vgl. nur Streck 2016–2018.

6 Vgl. etwa Quack 2002, bes. 41–44; das Verfahren entspricht in etwa dem der vorderasiatischen Jahresnamen, die ebenfalls in eigenen Listen gesammelt wurden zum Zwecke der chronographischen Referenz, doch geht die ägyptische Praxis durch die Sammlung unterschiedlichster, oft kultischer Ereignisse, die in einem Jahr stattfanden, deutlich darüber hinaus, stellt also im engeren Sinne tatsächlich eine chronikartige Annalistik dar. Was wir im hethitischen Bereich konventionell unter „Annalen" verstehen, ist damit nur sehr bedingt zu vergleichen. Der wich-

nun in verkürzter Form wie in Chroniken oder in Annalen oder in größeren narrativen Zusammenhängen, läßt sich ohne einen Bezug zur Zeit nicht denken, selbst wenn dieser nur in der simplen Variante der linearen Anordnung besteht, wofür die keilschriftliche Literatur mit der Liste ein ihr ureigenstes Medium kennt. Das berühmteste Beispiel dafür ist sicherlich die Sumerische Königsliste, doch gibt es diverse Spielarten dieses Typs, zu denen man die Mari Eponymenchronik ebenso rechnen kann wie die assyrische Königsliste u. a.m. Die altassyrischen *līmu*-Listen sind ebenfalls ein ganz besonderes Beispiel eines solchen Versuchs, den Ablauf von Zeit zu erfassen, und zwar über den Bezug auf eine schriftlich fixierte Abfolge von Namen bzw. die Position eines bestimmten Namens in dieser Reihe; sie stellen also den bewußten Versuch dar, dem Problem zu begegnen, daß der reinen Nennung von Namen ja keine inhärente lineare, in diesem Falle also zeitliche Abfolge zu entnehmen ist, durch das Prinzip der Anordnung in einer (schriftlich fixierten) Reihung.

Ein vergleichbarer, eigentlich naheliegender Ursprung der hethitischen Historiographie, also in Bezug auf derartige Verfahrensweisen, ist gleich aus zweierlei Hinsicht eher unwahrscheinlich. Zum einen kennt die hethitische Überlieferung durchaus überraschend gerade das Genre der Königsliste nicht oder bestenfalls in Form der sog. Opferlisten für verstorbene Könige, oder besser: Familienmitglieder, die man aber nur schwerlich mit den sonst bekannten Beispielen für Königslisten des Alten Orients vergleichen kann.[7] Zum anderen scheint die hethitische schriftliche Überlieferung, man darf wohl konstatieren: seltsamerweise, die Konvention einer Datierung, selbst in der simpelsten Variante wie etwa der Zählung der Abfolge von Regierungsjahren eines Königs, nicht zu kennen, wie auch sonst im gesamten hethitischen Schrifttum Datierungsangaben, ob aus historischen, juristischen, ökonomischen oder sonstigen Gründen, nicht gebräuchlich sind. Formen der eben erwähnten Königslisten oder gar Chroniken sind bisher nicht bekannt

---

tigste Unterschied ist aber wohl der, daß die hethitische Annalistik, jedenfalls soweit wir das beurteilen können, gerade nicht der systematischen Zeiterfassung diente, sondern immer bezogen bleibt auf das, was ein König in seiner Regierungszeit leistet, womit nahezu ausschließlich die militärischen Unternehmungen gemeint sind. Was der hethitischen Chronographie gegenüber anderen altorientalischen Kulturen zu fehlen scheint, das sind listenförmige chronographische Werke, also vor allem die klassische Form der Königsliste. Am nächsten kommt dem allenfalls noch das kreuzförmige Siegel Muršilis II.; bemerkenswerterweise mit einer zeitlichen „Tiefe" bis zu einem König Ḫuzzija vor Ḫattušili I., wie sie sonst in der Überlieferung (bisher) nicht greifbar ist. Dem soll eine besondere Aufmerksamkeit in diesem Beitrag gelten.

7 Obwohl immer wieder behandelt, erscheint mir dieses spezielle Genre noch nicht gänzlich „entschlüsselt"; vgl. einstweilen mit älterer Literatur Gilan 2014. Für die Anfänge in Mesopotamien sei hier nur auf Wilcke 2001 verwiesen.

geworden, das gilt auch für irgendwelche Bezugnahmen darauf, nicht einmal in der indirektesten Weise.

2 Der Erfahrungsraum des Vergangenen

Umso erstaunlicher eigentlich, daß zu den noch immer offenen Fragen der hethitischen Überlieferung ebenso das ungewöhnliche Phänomen gehört, daß historiographische Texte oder, vielleicht besser allgemeiner formuliert, erzählende Texte mit einem Bezug zu vergangenem Geschehen oder zu erinnerten Ereignissen[8] mit zu den frühesten Texten gehören, ohne daß sich dafür bisher in irgendeiner Weise Vorbilder namhaft machen ließen[9] oder andere Textformen wie z. B. mythische oder mythistorische einen Ausgangspunkt geliefert hätten.[10] Gerade im Bereich der Mythologie, einer narrativen Form, die nahezu alle frühen Kulturen in breiter Form bieten, ist die hethitische Überlieferung dagegen erstaunlich dünn aufgestellt, so daß diese schwerlich in dieser Hinsicht eine Rolle gespielt haben kann. Und von einer Vergegenwärtigung solcher Stoffe, sei es als Erzählungen oder

8 Diese zugegebenermaßen etwas vage Bestimmung dessen, was hier unter Historiographie im weitesten Sinne verstanden werden soll, scheint mir für den hier verfolgten Zweck ausreichend, zumal eine eingehendere Diskussion der hierfür zu berücksichtigenden unterschiedlichen Textformen und ihrer Zielsetzung den Rahmen sprengen würde; vgl. noch van den Hout 2020, 144–148.

9 Wenn überhaupt eine andere schriftliche Überlieferung als Vorbild in Anspruch genommen werden könnte, so wären das allenfalls die fragmentarisch erhaltenen Erzählungen über die akkadezeitlichen Könige, also der sog. *narû*-Literatur, bei denen immerhin die Möglichkeit besteht, daß die uns greifbaren hethitischsprachigen Fassungen ebenfalls recht früh, womöglich in althethitischer Zeit entstanden sind. Doch weder lassen sich genauere Angaben zum Umfang dieser Texte noch zu ihrer Rolle in Verbindung mit der sich ausbildenden frühen hethitischen narrativen Schriftlichkeit machen. Freilich wäre es durchaus lohnend, sich mit diesem Thema nach der Pionierarbeit von H.G. Güterbock wieder intensiver zu beschäftigen; Güterbock 1938; vgl. noch Güterbock 1964a sowie van de Mieroop 2000 (dessen These [Mieroop 2000, 135], bei dem Tikunani-Brief handle es sich um einen fiktionalen Text, keinen realen Brief, freilich wenig für sich hat; auch sonst verraten manche Aussagen zur hethitischen Überlieferung doch gewisse Defizite) oder Torri 2009; eher problematisch aufgrund einer ganzen Reihe fraglicher Annahmen und Mißverständnisse dagegen Osborne 2018. Mit dem Bekanntwerden eines doch einigermaßen enigmatischen altassyrischen Textes über Sargon hat sich die Ausgangslage zudem verändert, denn nun zeigt sich, daß ein entfernt vergleichbares Beispiel in Zentralanatolien offenbar schon lange vor den hethitischen Texten bekannt war, unabhängig davon, wie man nun speziell diesen Text deuten mag (Dercksen 2005; Alster und Oshima 2007; Goodnick-Westenholz 2007). Der Beitrag von Bachvarova 2012 verfolgt ganz andere Überlegungen als die hier vorgestellten.

10 Gerade auf diese Vielfalt bereits in der frühen Überlieferung hat u. a. schon Corti 2005 hingewiesen; ausführlicher diskutiert werden eine Reihe von diesen Texten bei Gilan, der diese Phase, „die experimentelle Phase in der Geschichte der hethitischen historiographischen Produktion" (Gilan 2015, 2) nennt.

 https://doi.org/10.1515/9783112223413-004

als Gesänge, in einer sozialen Kommunikation, wie das für die frühe griechische Kultur gut dokumentiert ist[11], erfahren wir schlichtweg nichts.

Die Vergangenheit bildet im Sinne R. Kosellecks den Erfahrungsraum, auf den sich in der Gegenwart Handelnde beziehen, während die Zukunft sich als Erwartungshorizont wiederum auf eben dieses Agieren beziehen läßt. Mit diesem „metahistorischen Kategorienpaar“ sei „geschichtliche Zeit auch im Bereich empirischer Forschung aufzuspüren“.[12] Man könnte einen Großteil der hethitischen historiographischen Überlieferung genau in diesem Sinne deuten; ist es doch geradezu charakteristisch für viele der Texte, daß vergangenes Geschehen berichtet wird, um daraus etwa die in Verträgen festgehaltenen Regelungen zu begründen, um diese besonders gut bekannte Form zu erwähnen. Noch eindrücklicher zeigt dies doch wohl kaum ein Beispiel als die sog. Pestgebete Muršilis II., in denen versucht wird, sozusagen konkret aus der Vergangenheit zu lernen, indem der Erfahrungsraum danach befragt wird, welche Handlungen welche Folgen nach sich gezogen haben könnten. Oder nochmals in den Worten Kosellecks: „Das für die Zukunft Erwartete ist offensichtlich in anderer Weise endlich begrenzt als das in der Vergangenheit bereits Erfahrene. Gehegte Erwartungen sind überholbar, gemachte Erfahrungen werden dagegen gesammelt. Erfahrungsraum und Erwartungshorizont sind demnach nicht statisch aufeinander zu beziehen.“[13] Oder konkret: daß nach der blutigen Geschichte des hethitischen Königtums bis zu Šuppiluliuma I. so mancher König einen gewaltsamen Tod im Kampf um die Macht fand, danach sich dies aber nachdrücklich änderte, könnte eben mit dem Erfahrungsraum zu tun haben, den Muršili II. befragte. Entsprechendes gilt für Texte wie den Telipinu-Erlaß oder die Apologie Ḫattušilis nicht minder[14], und, wiederum ganz im Sinne Kosellecks, ist unverkennbar, wie beide in einer Wechselwirkung

11 Es sei hier nur auf die detaillierte Rekonstruktion dieses „Vergangenheitsraumes“ der Griechen bei Gehrke 2014, 37–64 verwiesen; das anschließende Kapitel (Gehrke 2014, 65–85) behandelt dann die griechische „Historiographie zwischen Vergangenheit und Gegenwart“ und ihren Bezug zur vorhergehenden Mythistorie; vgl. noch Gehrke 2019 und außerdem Patzek 1996.

12 Dazu ausführlich Koselleck 2000, 331–334.

13 Koselleck 2000, 332.

14 Gleichwohl teile ich die Auffassung von J. Assmann nicht, daß gerade für die umfangreicheren Werke der hethitischen Historiographie „Könige zweifelhafter Legitimität, insbesondere Usurpatoren“ verantwortlich seien: „Die Vergangenheit braucht, wer sich rechtfertigen, Rechenschaft ablegen muß. Wer einfach weitermacht wie bisher, hat keinen Bedarf an Vergangenheit.“ (Assmann 1995, 113, ferner 114). Auf Muršili II., von dem wir bisher das umfangreichste Korpus historiographischer Texte besitzen, trifft dies eher nicht zu; es verengt aus meiner Sicht die Bedeutung von Historiographie in der hethitischen Tradition doch zu sehr auf einen einzigen Aspekt.

stehen, wie die Wahrnehmung historischer Ereignisse dadurch beeinflußt wird und also die unterschiedlichen Zeitschichten aufeinander einwirken.

Wir können folglich die Entstehung und die Entwicklung der historiographischen Tradition in der hethitischen Überlieferung gerade als Folge eines Bedürfnisses interpretieren, diese Zeitschichten in einem ganz bestimmten Sinnzusammenhang zu ordnen. Dabei wird man davon ausgehen können, daß diese Deutung der Vergangenheit aus der Perspektive der jeweiligen „Gegenwart" erfolgt ist, selbst dann, wenn es sich „nur" um die Aufzeichnung bestimmter Ereignisse gehandelt hat[15], denn schon die Auswahl dessen, was als aufzeichnungswert galt, folgt bestimmten Präferenzen, erst recht, die Art und Weise der Darstellung.[16] Zu welchem Zweck dies jeweils geschah, als Modus der Identitätsstiftung, aus legitimatorischer Absicht der Herrschenden usw., wäre jeweils im Detail zu diskutieren. So wird z. B. der Anitta-Text häufig in Verbindung mit der Begründung eines „hethitischen" Königtums interpretiert, doch gibt es keinen Hinweis darauf, daß man Anitta als einen „hethitischen" König erinnerte, zumal gerade er Ḫattuša, das spätere Zentrum, zerstörte und die Wiederbesiedelung gar mit einem Fluch belegte. Welcher Aspekt dabei nun im Vordergrund stand und eine Weitertradierung des Textes noch viele Jahrhunderte nach dem Tod des Anitta motivierte, bleibt m. E. bislang noch weitestgehend spekulativ.

Zugänglich bleiben diese unterschiedlichen Zeitschichten auf je unterschiedliche Weise; sie können, etwa durch kulturelle Praktiken, aktiviert, durch Ausbildung einer Überlieferungstradition verstetigt oder im Laufe dieses Prozesses selbstverständlich verändert werden; im hethitischen Fall fassen wir in erster Linie die einschlägige schriftliche Überlieferung sowie[17], das darf dabei nicht vergessen werden, die Monumentalisierung der Erinnerung in Form von Bauten, aber besonders bildlichen Darstellungen wie Reliefs und Inschriften, oft in direkter Kombination.[18] Finden Ereignisse oder Entwicklungen jedoch keinen Eingang in

---

15 Es sei hier nur auf das noch immer gültige Diktum von Th.W. Adorno aus den Minima Moralia (Nr. 106) verwiesen: „Erinnerungen lassen sich nicht in Schubladen und Fächern aufbewahren, sondern in ihnen verflicht unauflöslich das Vergangene sich mit dem Gegenwärtigen."

16 Das sind freilich gut bekannte Prämissen, die für jede Form der Historiographie gelten, worauf hier nicht weiter eingegangen werden soll; dazu nur Koselleck 1977, denn eine vertiefende Behandlung dieses Themas liegt weit jenseits des hier Intendierten; doch sei immerhin auf die Diskussion um J. Rüsens Theorie der „Historik" und die sich daran anschließenden Kommentare von ca. 50 Autoren in Jahrgang 22 der Zeitschrift „Erwägen – Wissen – Ethik" 2011 verwiesen sowie dann auf Rüsen 2013.

17 Der Begriff der „Tradition" hier nicht in dem – oft pejorativ verstandenen – Sinne als Gegensatz zum „Fortschritt" verstanden, sondern, etwa im Sinne A. Assmanns als Teil des kulturellen Gedächtnisses und nicht als dessen Gegenbegriff; vgl. Assmann 2021, bes. 57–58.

18 Dazu ausführlich Aro 2022.

das kulturelle Gedächtnis oder schwindet ihre Relevanz, dann kann Erinnerung ebenso gänzlich verlöschen oder wieder neu und anders rekonstruiert werden und je nachdem für eine Identitätsbildung relevant sein oder an Bedeutung verlieren.[19] Ohne eine explizite Bezugnahme auf solche Diskurse, die die hethitische Überlieferung bestenfalls marginal und zwischen den Zeilen bietet[20], läßt sich dies freilich kaum fassen. So bleibt es z. B. weitgehend spekulativ, ob z. B. dem Anitta-Text, um das hier nochmals aufzugreifen, in diesem Sinne eine Rolle für die Ausbildung

---

19 Ich bin mir bewußt, daß dies eine recht pauschale Rekonstruktion der Diskussion um die Funktion des kulturellen Gedächtnisses im Sinne J. Assmanns ist, daß z. B. die Ausbildung von Traditionen nicht zu stabilen Kanonisierungen führen muß, daß der Aspekt der gegenwartsbezogenen Rekonstruktion von Erinnerung viel stärker berücksichtigt werden müßte, daß die Form der Erinnerung, die wir gerade in unseren Quellen greifen, in ganz besonderer Weise nur der Ausdruck bestimmter Machtverhältnisse ist, also konkret die der „Elite", u. a. m. Doch so notwendig diese und andere Differenzierungen sind, vieles davon fassen wir mit den uns zur Verfügung stehenden Quellen nur bestenfalls ansatzweise. Da wir hier nur einen sehr kleinen Teilaspekt näher betrachten wollen, erscheint es mir vertretbar, es dabei zu belassen, zumal angesichts der langen Zeitläufte, mit denen wir uns gerade bei der hethitischen Überlieferung befassen, diese sich uns doch in einer erstaunlichen Stabilität präsentieren, Umdeutungen, Rekonstruktion u. ä. dagegen kaum zu fassen sind; gerade dafür scheint mir Assmanns Konzept durchaus geeignet, während Kosellecks Betonung der Auswirkungen des „Erfahrungshorizontes" auf die Interpretation der Vergangenheit und die Erwartungen an die Folgen des eigenen Handelns dies um einen besonders für die hethitische Überlieferung relevanten wichtigen Aspekt ergänzt.

20 Wiederum konkret auf die hethitische Überlieferung bezogen ist dieser Aspekt schwer zu beurteilen, solange wir keine wirklich schlüssige Erklärung dafür haben, welche Funktion die Tradierung bestimmter Texte tatsächlich hat, also ob mit dem bloßen Kopieren eines u. U. Jahrhunderte alten Textes mehr als eben dieser Vorgang im Rahmen schreiberlicher Aktivitäten verbunden ist. Bei vielen Texten läßt sich dies nicht sagen; das gilt freilich nicht nur für historiographisch-erzählende Texte. Welchem Zweck dienten die Abschriften z. B. der sogenannten Palastchronik, in der P. Dardano explizit ein Produkt des kulturellen Gedächtnisses sieht (Dardano 2011). Dabei wird schon allein aus der Existenz verschiedener Abschriften auf die Bedeutung des Werkes geschlossen („zweifelsohne ein für die hethitische Kultur wichtiges Werk"), Dardano 2011, 71; die sich daran anschließenden Thesen, freilich aus einer angeblichen Aufbewahrung mindestens zweier Versionen dieses Textes im Bereich des sog. Haus am Hang, im Anschluß an die Identifizierung des Gebäudes durch G. Torri als Scriptorium, erschlossen, sind freilich nicht haltbar. Daß die in diesem Werk geschilderten Ereignisse in eine „zeitlose Dimension" versetzt seien, eine Art unbestimmte Vergangenheit der „Zeit des Vaters", ist m. E. alles andere als zwingend, sondern hierbei handelt es sich, wie gleich noch näher ausgeführt werden soll, um eine m. E. durchaus konkret historisch zu verortende Angabe. Nicht nur deshalb scheint mir die Schlußfolgerung von P. Dardano, daß es sich bei der Episodensammlung der „Palastchronik" gar um „ein klares Beispiel" handle, wie die „Aktualisierung einer Vergangenheit (...) die Identität einer Gesellschaft bildet" (Dardano 2011, 78), eher behauptet, denn wirklich überzeugend begründet zu sein, da eine ganze Reihe der Aspekte, auf die sie sich dabei bezieht, alles andere als wirklich geklärt sind.

einer „hethitischen“ Identität, so es diese denn gab, spielte oder welches Interesse tatsächlich an der Tradierung gerade dieses Textes bestand, der ja, das sollte dabei nicht übersehen werden, nicht der einzige Text der hethitischen Überlieferung ist, der Bezüge zu Ereignissen oder Personen der Phase der altassyrischen Handelskolonien enthält und bei denen noch weit weniger Fragen der kollektiven Identität im Raume gestanden haben dürften.

3 Das Erfassen von Vergangenheit im Erzählen

Wenn wir also von hethitischer Historiographie generell sprechen, so gelten hier, wie bei anderen historiographischen Traditionen des Altertums, gewisse Einschränkungen, was darunter zu verstehen ist und, nicht minder wichtig, was gerade nicht. Der begriffliche Zusammenhang zwischen Geschichten, den Erzählungen, Berichten, Erinnerungen an Vergangenes, und Geschichte im Sinne des Kollektivsingulars als ein erst in der Moderne wirklich ausgebildetes Konzept, ist speziell für das Deutsche intensiv analysiert worden.[21] Und es ist in der Tat berechtigt, hier einen Unterschied zu machen zwischen dem, was Geschichtsschreibung rezent und Geschichtsschreibung in Zeiten meint, in denen es noch keine Vorstellung von Geschichte als *ipsa historia* gab, sondern Geschichtsschreibung eine Erzählung von Ereignissen[22], besonderen Vorkommnissen war, die sich wiederum in aller Regel auf die Perspektive einiger weniger Akteure konzentrierte, Feldzüge, Eroberungen, Königsmord zuerst. Geschichte war also eine Geschichte einzelner Ereignisse[23], nicht von Strukturen. Zumal es dafür noch kaum ein Bewußtsein gab, was die Veränderungen solcher Strukturen betraf, da entsprechende Wandlungen kaum innerhalb der Lebens- oder Erinnerungszeit eines Individuums zu beobachten waren.[24]

Ein Zusammenhang zwischen Zeitvorstellungen und Geschichtsschreibung, selbst einer Geschichtsschreibung *avant la lettre*, also einer, die noch über gar

21 Sozusagen „klassisch“ in diesem Sinne Koselleck 1973 bzw. Koselleck 1977, wobei entscheidend der damit verbundene höhere Abstraktionsgrad ist. Insofern sind naheliegenderweise alle Anforderungen, wie sie an die Erforschung der „Geschichte schlechthin“ nach Ausbildung eines solchen Konzeptes gestellt werden, also etwa nach „Objektivität“ oder gar „Wahrheit“ für frühere Formen der „Historie“ schlicht obsolet.

22 „Ereignis“ hier durchaus auch in einem eher allgemeinen Sinne gedacht als ein Vorkommnis, eine einzelne Handlung, die nicht immer „entscheidend“ gewesen sein muß; gerade die hethitische Annalistik bietet eine Fülle von Einzelereignissen in diesem Sinne, deren „Bedeutung“ überschaubar gewesen sein dürfte und bei denen man durchaus die Frage stellen könnte, wieweit es sich denn im eigentlichen Sinne um „historische“ Ereignisse gehandelt hat und was überhaupt der mit ihrer Aufzeichnung verbundene Zweck war. Aber das wäre an anderer Stelle ausführlicher zu behandeln.

23 Vgl. dazu schon immerhin ansatzweise und noch sehr auf die Form konkreter Beispiele, weniger das Allgemeine bezogen Klinger 2008.

24 Vgl. Meier 1975, 601–610: „Andererseits blieb die Ereignisgeschichte die einzige Sphäre wichtiger interessanter, wahrnehmbarer Veränderung. (…) Es gab kaum tiefere Veränderungsprozesse jenseits des politisch-militärischen Bühnengeschehens, die größere Teile der Menschheit unabhängig von ihrer politischen Gliederung zum Träger oder Thema einer ‚Geschichte‘ hätten werden lassen.“ (Meier 1975, 603).

 https://doi.org/10.1515/9783112223413-005

keinen Begriff von Geschichte im heutigen Sinne verfügt, liegt auf der Hand. Umso bemerkenswerter, daß gerade die hethitische Kultur, anders als die meisten vorderasiatischen Kulturen schon seit dem 3. Jahrtausend, in diesem Bereich uns zahlreiche Rätsel aufgibt. Weder der hethitische Kalender noch irgendwelche chronologischen Systeme sind uns in den Quellen greifbar; weder finden sich irgendwelche Formen der Datierung noch verwendet nicht einmal die hethitische Annalistik, die umfangreich wie in kaum einer anderen der Keilschriftkulturen ausfällt, selbst eine basale Zählung, obwohl die Jahre selbst die Basis der textlichen Gliederung darstellen. Die einzige mir bekannte Ausnahme könnten die Ammuna-Annalen bieten, wenn denn die Rekonstruktion der zu Beginn beschädigten Zeilen der allerdings sehr kurzen Absätze mit „im 2. Jahr" bzw. „im 3. Jahr" (KUB 26.71 Rs. IV 10', 14') korrekt sein sollte. Das wäre ein Verfahren, das sich jedenfalls dann in der viel umfangreichen jüngeren Überlieferung nicht durchgesetzt hat.

Umso interessanter ist also der Blick gerade für eine grundsätzliche Auseinandersetzung mit der hethitischen Historiographie, darauf, wo diese selbst wiederum anfängt bzw. wo in der hethitischen Überlieferung zuerst ein Bezug zu einem vergangenen Geschehen auftritt, ohne an dieser Stelle schon zu versuchen zu erklären, welche Rolle ein solcher Bezug eigentlich spielt, also nicht gleich mit der interpretatorischen Metaebene einzusetzen. Ist doch aus der Beschäftigung wiederum mit der Geschichte der Historiographie und noch viel mehr mit der Rekonstruktion der Entwicklung des methodischen Nachdenkens über das, was denn historisches Erzählen oder das Erzählen von vergangenen Ereignissen darstellt, eigentlich sehr schnell klar, daß die Voraussetzung eines „Geschichtsdenkens", oder wie immer man nun diese bewußte Beschäftigung mit dem nennen mag, was vor einer bestimmten Gegenwart sich ereignet hat, ja keineswegs eine Selbstverständlichkeit darstellt. Setzt doch das Konzept einer „Geschichte", um hier den eigentlich anachronistischen Begriff zu verwenden, jedenfalls, wenn man „Geschichte" hier im Sinne des von R. Koselleck so charakterisierten Kollektivsingulars versteht, schon ein sehr differenziertes Nachdenken über unterschiedliche zeitliche Ebenen, d. h., wenn man so will, und wiederum anachronistisch, ein Problembewußtsein gegenüber so etwas wie einem zeitlichen Bezugsrahmen im Sinne einer Chronologie voraus.

Die Konsequenzen dieser Überlegungen lassen sich in unserem Fall also vielmehr konkreter daran beobachten, wie in den ersten historiographischen Texten der hethitischen Überlieferung „Vergangenheit" behandelt wird und nicht, wie darüber reflektiert wird. Es zeigt sich, wenig überraschend, daß die Möglichkeit zu fehlen scheint, den Bericht über Ereignisse aus weiter zurückliegenden Zeiten chronologisch stringent zu erfassen, da ein zeitlicher Rahmen oder eine Möglichkeit der Zeiterfassung nicht zur Verfügung steht, auf den Bezug genommen werden könnte, von konkreten Datierungen ganz abgesehen, die wiederum ein entsprechendes System oder Verfahren zur Festlegung von Daten erfordern würden. Es lohnt dennoch, sich anhand einiger Beispiele gerade aus den frühesten dafür in Frage kommenden Texten der hethitischen Überlieferung die entsprechenden Strategien etwas genauer anzusehen, beginnend mit dem Beispiel, das aus gleich mehreren Gründen am Anfang steht.[25]

Exemplarisch setzt der Anitta-Text unmittelbar mit der Vorstellung des „Verfassers" ein; genannt wird seine Abstammung „Sohn des Pitḫana" (Vs. 1), damit ist schon der zeitliche Bezugsrahmen vollständig gesetzt. Über die Eroberung Nešas durch den „König von Kuššara", das allererste historische Ereignis, wird folgerichtig berichtet ohne jegliche nähere zeitliche Verortung; keine Konjunktion, ob nun ein „als" oder ein „früher", wird verwendet, sondern lediglich das reine Faktum genannt (Vs. 5–9). Nicht einmal, wer hier eigentlich „König von Kuššara" ist, wird eindeutig gesagt, sondern ergibt sich eigentlich nur, zumindest wird dies bisher übereinstimmend so gelesen, durch die einleitende Feststellung des nächsten Abschnitts „nach meinem Vater Pitḫana aber schlug ich im selben Jahr" (Vs. 10), wobei durch die 1. Person markiert wird, daß es nun Anitta ist, von dessen Taten er selbst berichtet, ohne daß der Name ausdrücklich genannt würde. Das ist in den erhaltenen Passagen nur noch einmal in Z. 41 der Fall, wo nochmals „ich, Anitta, der Großkönig" erwähnt ist, interessanterweise wiederum im Zusammenhang mit einem zeitlichen Rückgriff. D. h. aber, daß bis auf die Einleitungszeile und die gerade angeführte Stelle, der Text „anonym" formuliert ist. Dafür wird der Name Pitḫana noch ein weiteres Mal genannt, und zwar wohl wiederum, um etwas zeitlich zu verorten, doch ist die Passage nicht vollständig erhalten.[26] Die inhaltlichen und vor allem die zeitlichen Zusammenhänge sind gerade in dieser Passage nicht eindeutig; erst als der Text in Z. 38 wieder zu Zalpa zurückkehrt, wird eine Tat, der Raub des Šiušummi aus Neša, in einem vagen „früher" (*karu*) verortet (Z. 39).[27] Diesem „früher" korrespondiert ein ebenso vages „hinterher" mit der eben

25 Die ganzen noch immer offenen Fragen zur Entstehung des Anitta-Textes, seiner ursprünglichen Form, seinem potentiellen Charakter als Kompilation aus unterschiedlichen Quellen und anderes mehr, muß hier außen vor bleiben.

26 Es handelt sich um Z. 30, wo wieder „nach meinem Vater" erhalten, die Ergänzung mit Piṭhana also durchaus plausibel ist. Allerdings bleibt an dieser Stelle das Problem, daß der neue Paragraph damit nicht beginnt, sondern zu Beginn der Zeile noch etwas fehlt. Der Abschnitt bezieht sich auf etwas, das in Verbindung mit dem „Zalpa des Meeres" steht, doch ist außer dem „nach meinem Vater" und dem womöglich wiederholten URU.*Zalpuwaš arunaš* (Vs. 31, 32) nichts erhalten.

27 E. Neu hat in seiner Bearbeitung dafür ein „Vor Zeiten" statt des einfachen „früher" für *karu* gewählt (1974, 13), offenbar um damit zu unterstreichen, dieses Ereignis liege wohl lange in der Vergangenheit zurück; ob dem wirklich so war, bleibt, wie manches, spekulativ. Zu einer tentativen chronologischen Einordnung vgl. Barjamovic et al. 2012, 48.

erwähnten zweiten Nennung des Namens des Anitta[28]; die Vermutung liegt nahe, daß dies hier notwendig ist, um die Zeitstellung zu erfassen.

Was wir also am Anitta-Text beobachten können, ist, daß es noch keine Möglichkeit gibt, die zeitliche Relation von Ereignissen diskursiv präzise zu fassen, sondern „datiert" wird durch die Bezugnahme auf Personen, die in Verbindung mit dem stehen, was berichtet wird und deren zeitliche Verhältnisse wiederum über genealogische Beziehungen gefaßt werden. Insofern bleibt alles in einem eher vagen Vorher-Nachher-Bezugsrahmen, in einer Abfolge, die manchmal auch als kausale gedacht bzw. beschrieben wird. Dies ist nicht weiter überraschend, denn für alles andere hätte es einer Möglichkeit der Datierung bedurft, die offenbar aber nicht zur Verfügung stand. Die einzige Ausnahme, um zumindest eine näherungsweise zeitliche Verortung vorzunehmen, besteht darin, wiederum die Personen, die genannt werden, zueinander in Beziehung zu setzen, und diese Möglichkeit bietet allein die Nennung der genealogischen Relation. Mit der Präzisierung, daß ein Ereignis in der Zeit des „Vaters" zu datieren ist, läßt sich das „früher" wenigstens einigermaßen eingrenzen, d. h. es ist zumindest klar, daß nicht ein „vor Zeiten" gemeint ist, wie es möglicherweise bei dem Bezug auf Uḫna gemeint sein könnte. In diesem Falle hätte der Text also angeben müssen, wie sich dieser zu dem später, d. h. in den Zeiten des Anitta selbst, agierenden Ḫuzzija von Zalpa verhält, also, ob er womöglich dessen „Vater" oder dessen „Großvater" war. Ob man dieses Wissen nicht besaß, ob es dem Verfasser nicht wichtig war oder, was ja theoretisch denkbar ist, zwischen beiden keine oder eine so entfernte genealogische Beziehung bestand, daß sie mit konventionellen Mitteln nicht auszudrücken war, das bleibt wiederum ebenfalls alles Spekulation.

Was uns dieser Blick auf das Beispiel des Anitta-Textes gezeigt hat, ist, welche Mittel überhaupt zur Verfügung standen, um in einem historiographischen Kontext mit dem Problem der Chronographie umzugehen. Aus den altassyrischen Texten der *kārum*-Zeit Zentralanatoliens wissen wir zwar, daß es zumindest prinzipiell die Möglichkeit gab, präzise zu datieren, aber dies erfolgte nach dem *līmu*-Verfahren, wie es in Assur in der Zeit üblich war, mit all den Einschränkungen, die das mit sich brachte. D. h., man war in der fernen Provinz auf entsprechende Informationen aus der Stadt Assur selbst angewiesen, um das Verfahren entsprechend einsetzen zu können. Es ist nicht bekannt, daß sich „Einheimische" für ihre Zwecke desselben

28 In Z. 41: *[app]ezzijan=a* „hinterher aber"; die Relation, also wieviel Zeit zwischen dem „früher" und dem „hinterher" vergangen sind, bleibt dabei völlig unspezifisch. Das z. B. wenig später in Z. 46 gebrauchte *appezzijan=a* meint dagegen nach dem Kontext offenbar eher eine unmittelbare zeitliche Abfolge.

Verfahrens bedienten[29]; daß es ein eigenes Datierungsverfahren gegeben habe, ist nicht bekannt und nicht wirklich wahrscheinlich, wenn auch, natürlich, nicht ausgeschlossen. Insofern war man also gezwungen, auf sprachliche Konstruktionen, wie die eben beschriebenen, auszuweichen, deren Schwächen natürlich offensichtlich sind.

29 Ein Blick auf den bekannten Brief des Anum-ḫirbe mag in diesem Zusammenhang ebenfalls von Interesse sein, da in dem Brief „Vergangenheit" mehrfach Thema ist. Nach der Schilderung des allgemeinen Problems, der Fürst von Taišama erhebt neben Anum-ḫirbe und Waršama als Dritter machtpolitische Ansprüche, wird der Brief konkret, indem ab Z. 17 der Ausbruch von Feindseligkeiten erwähnt wird, die aber zeitlich nicht näher verortet werden. Wobei gerade die Einleitung des Satzes (Z. 17) mit *ke-na*, das meist zu *ki-ma* „als" emendiert wird, nicht ganz klar ist; falls hier „als" gemeint ist, dann ist dies ähnlich vage, wie es ein „früher" o. ä. ebenfalls wäre. Ein eindeutiger Rückgriff auf vergangenes Geschehen folgt dann aber ab Z. 29, nämlich die Erwähnung einer 9 Jahre andauernden Belagerung der Stadt Ḫaršamna. Während aber die Dauer der Belagerung präzise benannt wird, bleibt für die Angabe der Zeit, wann dies denn geschehen ist, auch dem Anum-ḫirbe nur die Möglichkeit, dies durch die Angabe „dein Vater Inar", also eine genealogische Angabe, relativ zu „datieren" (vgl. zum Brief Hecker 2006, 80 – 81). Er verfährt aber so, wie das auch der Anitta-Text tut. Hätte es eine andere Möglichkeit gegeben? Rein theoretisch wäre freilich die Angabe des konkreten Jahres mit Bezug auf eine *līmu*-Datierung denkbar. Immerhin war es offenbar möglich, vergangene Zeiträume auch präziser zu fassen, wie z. B. der Brief TCL 19.1 belegt, wo es heißt, daß jemand „vor 30 Jahren" die Stadt verlassen habe (Übersetzung bei Hecker 2006, 98). Ob es allerdings wirklich genau 30 Jahre waren oder ob das im Sinne von „vor langer Zeit" zu lesen ist, immerhin in etwa vor einer Generation, bleibt offen; Michel 2001, 308 scheint die Frist als reale Angabe zu verstehen.

4 Wenn das kommunikative zum kulturellen Gedächtnis wird

Erkennbar überlagern sich gleich zwei Problemfelder, wenn man so will. Einerseits der Übergang von einer mündlichen zu einer schriftlichen Tradition, andererseits die davon nicht zu trennende Frage, wie denn gerade in der Frühphase einer entstehenden Tradition dann vergangenes Geschehen präsentiert wird, wenn es noch keine Quellen oder Zeugnisse gibt, die signifikant weiter zurückreichen, sondern bestenfalls eine personengebundene Erinnerung. Das, was also das Charakteristikum einer schriftlichen Erzählung von Vergangenheit ist, die Möglichkeit, die Grenze der noch faßbaren mündlichen Erinnerung, das, was von Assmann als *floating gap* bezeichnet wurde, zu überwinden, wenn schon relativ früh im Medium der Schrift eben dieses kommunikative Gedächtnis sich zu einem kulturellen Gedächtnis transformiert, zieht also einen Wechsel in der Form eben dieser Erinnerung nach sich – zu Beginn kann eben diese Grenze ja so gesehen nicht überschritten werden, was sich, so die hier vertretene These, tatsächlich in den ersten Beispielen eines solchen Rückgriffs auf die Vergangenheit in der Form, wie diese Erinnerung aufgezeichnet wird, niederschlägt. Dies wiederum macht ihren eigenwilligen Charakter aus, der mit dem Fortschreiten einer schriftlich fixierten Dokumentation, also einem sich entwickelnden kulturellen Gedächtnisses, wenn wir hier der Einfachheit halber diese Dichotomie übernehmen wollen, schnell verloren geht. Die Textbeispiele aber, in denen sich dies noch fassen läßt, und auf die später noch viel ausführlicher eingegangen werden soll, gerade was diese Art der historischen Informationen betrifft, sind das sog. Testament Ḫattušilis I. und der Zalpa-Text, die eventuell genau diesen Übergang beobachten lassen.

Einer der bemerkenswertesten Texte der frühen hethitischen Überlieferung liegt zweifellos mit dem sog. Testament des Ḫattušili vor, nicht nur, weil es einer der nur drei historiographischen Texte ist, der in akkadischer und hethitischer Sprache vorliegt und davon wiederum der einzige, der sich in Form einer Bilingue erhalten hat.[30] Hier soll aber weniger interessieren, was Ḫattušili über seine eigenen Pro-

30 Die Überlieferungsgeschichte von CTH 6 (KUB 1.16 + KUB 40.65) wirft noch eine ganze Reihe von Fragen auf, denen hier nicht weiter nachgegangen werden kann; erhalten ist lediglich eine, in Teilen stärker beschädigte Tafel, die erst in der Großreichszeit geschrieben wurde, wobei davon auszugehen ist, daß es sich um die Abschrift einer älteren Vorlage handelt, auch wenn sich von den anzunehmenden Zwischenstufen seit der Entstehung in der Zeit Ḫattušilis I. mehrere Jahrhunderte früher (bisher) nichts greifen läßt. Insofern ist die ursprüngliche Gestalt des Textes bestenfalls indirekt zu erschließen, ebenso wie die Funktion oder seine Überlieferungsgeschichte im Detail; so haben schon Sommer und Falkenstein 1938, 201–202 darauf hingewiesen, daß die

 https://doi.org/10.1515/9783112223413-006

bleme mit seinen potentiellen Nachfolgern zu berichten weiß, sondern eine kurze Passage, in der er wiederum auf Ereignisse vor seiner eigenen Regierungszeit zu sprechen kommt (HAB III 39–44). Dabei verwendet Ḫattušili nicht etwa den konkreten Namen seines früheren Vorgängers, sondern er spricht lediglich vom „Großvater", der sich mit einer ähnlichen Situation konfrontiert sah, und an die er deshalb jetzt erinnert. Die genealogische Beziehung liefert die historische Referenz bezüglich der Zeitstellung der Ereignisse. Es muß keineswegs eine politische Absicht dahinterstehen, daß der Eigenname nicht fällt, denn mit der Bezeichnung „Großvater" ist die zeitliche Verortung eindeutiger, und dies ist es, worauf es hier wohl ankommt.[31]

Noch viel deutlicher wird diese Verfahrensweise im Zalpa-Text mit seiner Generationenzählung im Kontext der allgemeinen Überlegungen zu historischem Erzählen, wobei, wie bei Ḫattušili fast schon idealtypisch der Dreigenerationenabstand eingehalten wird, die man dem personengebundenen Gedächtnis noch zugesteht. Der Text würde dann diese eigenwillige Form der Referenz auf vergangene Zeiten, sozusagen deren Zählung, aufweisen, weil, als er entstand, in der schriftlichen Tradition noch kein Mittel zur Verfügung stand, diese aus der mündlichen Tradition stammende „Klippe" in der Erinnerung zu überwinden – es wird deshalb nur von Generationen, nicht von Personen gesprochen, weil es noch kein chronologisches Rückgrat gab, an dem man sich für eine zeitliche Verortung orientieren konnte, und lediglich eine Nennung der Eigennamen ja voraussetzt, daß man diese in ihrer Abfolge, d.h. in ihrem zeitlichen Verhältnis und damit wiederum die mit ihnen in Verbindung stehenden Ereignisse „erinnert".

Man kann gerade an diesen Fallbeispielen erörtern, die sich auf die Vorgeschichte oder die „Gründung" des hethitischen Königtums beziehen, wie sich hier, eigentlich in sich widersprüchlich, das kommunikative Gedächtnis bereits im Medium des kulturellen Gedächtnisses präsentiert, was wir hier als Erklärung dafür deuten, daß notwendigerweise oder zumindest nachvollziehbar, diese frühe Form der Historiographie in einer für uns bedauerlichen Form wesentliche Informationen (noch) nicht liefert, die man sich eigentlich erhoffen würde, die aber im Kontext des kommunikativen Gedächtnisses nicht wesentlich sind.

---

vorliegende Fassung erhebliche Probleme des Schreibers bei der Raumnutzung der Tafel erkennen läßt, was doch ungewöhnlich ist, wenn schon die Vorlage eine bilinguale Fassung war; ebenso ist bis heute umstritten, welche der Sprachversionen eigentlich das „Original" darstellt u.a.m.; vgl. noch Güterbock 1978, 218.

31 Es ist zunächst nicht entscheidend, ob das erwähnte Ereignis authentisch oder fiktiv ist, doch beruht seine Wirkung im Kontext von Ḫattušilis aktuellem Bericht sicherlich darauf, daß er sich hier auf das kollektive Gedächtnis seines „Publikums" beziehen kann, es also kaum eine reine Erfindung sein wird.

Bemerkenswert in dieser Hinsicht ist der Vergleich dieser potentiell „jüngeren" Texte der hethitischen Überlieferung wiederum mit dem Anitta-Text, den man zunächst aufgrund seines Inhaltes eher als noch vor den genannten Beispielen entstanden denken könnte. Tatsächlich aber, und das könnte man schon fast wieder als einen Hinweis auf die Korrektheit der genannten textchronologischen Abfolge werten, tritt hier dieses Problem, wie man ältere Ereignisse in die aus der Gegenwart heraus konzipierte Erzählung integriert, gar nicht in derselben Weise auf, weil der Bericht des Textes nicht konkret über die Zeit des Vaters hinaus zurückgreift bzw. nur bestenfalls in der vagen Form eines unbestimmten „früher", aber selbst dieser nur in der Einleitung einmal namentlich genannt wird und dabei selbst als Handelnder erscheint, während er im Fortgang des Textes, also in der zeitlichen Ebene des „Autors" Anitta wiederum, wie wir das bei dem eben besprochenen Beispielen kennengelernt haben, nur im Modus der Genealogie aufgeführt wird – „zu Zeiten meines Vaters".

Und schließlich läßt sich vor diesem Hintergrund gerade auch die so viel diskutierte in verschiedenen frühen Texten verwendete Erwähnung eines „Vaters des Königs" plausibel tatsächlich nur mit einem König in Verbindung bringen, dessen Texte sich mit dieser Form begnügen können, genau deshalb, weil sie sich an der Grenze des Übergangs zum kulturellen Gedächtnis bewegen, also schlicht den Beginn einer Entwicklung repräsentieren. Mißverständnisse im Sinne, welcher „Vater" und welcher „König" hier gemeint sind, sind also insofern ausgeschlossen, als später entstandene Texte bereits auf einer schriftlich fixierten Tradition aufbauen können bzw. eben auf diese reagieren – der Übergang vom kommunikativen zum kulturellen Gedächtnis ist sozusagen abgeschlossen.

Und schließlich wird nun ebenso verständlich, warum gerade das Werk, das diese erste Phase der Ausbildung einer hethitischen Historiographie quasi beschließt, nämlich der Text, der selbst in späterer Zeit in dieser Hinsicht nicht übertroffen wird, was die zeitliche Dauer des Rückgriffs auf die Vergangenheit betrifft, genau dieses Verfahren der Verwendung genealogischer Bezeichnungen als zeitliche Referenz eben nicht mehr kennt. Die nun schon über mehr als fünf Generationen bestehende kontinuierliche Entwicklung einer schriftlichen Tradition, also ein Fundus an Quellen eines kulturellen Gedächtnisses, kann es sich erlauben, die genealogischen Referenzen eines kommunikativen Gedächtnisses zu ignorieren. Die Basis oder der notwendige Fundus an stabilem historischem Wissen durch schriftliche Zeugnisse, die bei Bedarf konsultiert werden können und die dauerhaft unabhängig vom Schicksal eines an eine bestimmte Person gebundenen Gedächtnisses bzw. deren Erinnerungsleistung geworden sind, kann es dabei belassen, allein mit den Namen der entsprechenden historischen Akteure zu agieren. Wo diese gegebenenfalls auf einer in die Vergangenheit überhaupt bzw. dann jenseits des *floating gaps* zurückreichenden zeitlichen Skala zu verorten sind, wäre gegebenenfalls durch ein Quellenstudium immer eruierbar.

So sehr also die Ausbildung einer Historiographie, die nicht mehr nur vom kommunikativen Gedächtnis abhängig ist, dem Medium der Schrift bedarf, um eine epistemische Praxis zu etablieren, die sich von den durch den *floating gap* gegebenen Begrenzungen emanzipieren kann, kulturgeschichtlich wäre es sicherlich prinzipiell möglich, aber vielleicht doch eher nicht sehr wahrscheinlich, daß dies gleich von Beginn an parallel zur Ausbildung einer eigenen Schriftlichkeit erfolgt. Vielmehr könnten am Beginn durchaus Texte gestanden haben, wie sie der Anitta-Text repräsentiert, in der zeitlichen Tiefe noch überschaubar, während dann die Weiterentwicklung durch Beispiele wie den oben besprochenen repräsentiert würde, die sich noch den traditionellen, d.h. eher aus der Mündlichkeit stammenden Verfahren bedienen, bis dann die Grundlagen geschaffen waren für solche Texte, wie sie die Einleitung des Telipinu-Erlasses in eindrucksvoller Weise darstellt. Doch auch diese hier vorgeschlagene Interpretation muß freilich bis zu einem gewissen Grade spekulativ bleiben, hat aber vielleicht doch den Charme einige Eigenheiten dieser Texte verständlicher zu machen.

5 Die Anfänge historiographischen Erzählens in der hethitischen Überlieferung

Im Folgenden wollen wir uns nun mit einigen dieser frühen historiographischen Texte auseinandersetzen und dabei ein besonderes Augenmerk auf die Frage legen, wieweit diese Aufzeichnung von vergangenem Geschehen zurückreicht und was sich daraus für die Anfänge der „hethitischen“ Geschichte ergibt. Hat sich doch in den letzten Jahren zunehmend ein Konsens herausgebildet, daß man die Linie der „hethitischen“ Könige oder – besser vielleicht – die Linie einer „hethitischen“[32] Herrscherdynastie, die wohl spätestens mit Ḫattušili I. ihren zentralen Herrschaftssitz nach Ḫattuša verlegt und dann von dort aus die weiteren Geschicke des Königtums, das als das von Ḫatti bekannt ist[33], lenken sollte und das schließlich zu einer der Großmächte des spätgroßreichszeitlichen Vorderen Asiens wurde, noch weiter in die Zeiten davor verlängern könnte, als das mit eben diesem Ḫattušili und seinem Vorgänger namens Labarna lange Zeit üblich war. Freilich soll das nicht heißen, daß es in der Vergangenheit nicht die unterschiedlichsten Versuche gab, „Vorgänger“ dieser zu identifizieren, doch ist die Quellenlage in dieser Hinsicht eben nur spärlich oder schwer zu deuten. Und sicherlich nicht zufällig entspricht dem die ebenfalls veränderte Wahrnehmung, daß nicht nur mit dem Ende der hethitischen Hauptstadt zwar ein Bruch, aber dennoch auch eine gewisse Kontinuität einer Entwicklung über die Epochenschwelle hin zur Eisenzeit besteht, sondern sich gleichzeitig der „Beginn“ ebenso immer weniger als ein radikaler Neuanfang darstellt, sondern als eine Fortsetzung von (politischen) Prozessen mindestens in Zentralanatolien, die bis in die Anfänge des 2. Jahrtausends zurückreichen und womöglich sogar noch weiter. Die „hethitische“ Geschichte sind heute nicht mehr allein die Jahre zwischen 1650 oder 1560 und 1180 v. Chr., als die man sie lange aufgefaßt hat. Dies gilt ganz unbeschadet der Einschätzung von

---

32 Es ist hier nicht der Ort, auf die Problematik dieser Begrifflichkeit einzugehen; der Einfachheit halber soll dies hier in einem ganz pragmatischen Sinne verstanden werden, der sich in erster Linie an der schriftlichen Überlieferung orientiert, ganz sicher aber nicht als eine ethnisch zu deutende Kategorie, sondern vielmehr, wenn überhaupt, im Sinne einer politischen – d. h. als die Reihe von Königen, die denen vorangehen, die mit Ḫattušili I. und Muršili I. mit eigenen Quellen (bisher) am Beginn einer langen Reihe stehen, die in der Regel von Ḫattuša aus bis zu Šuppiluliuma II. das regiert haben, was wir gewohnt sind, dementsprechend als das hethitische Königreich zu bezeichnen.

33 Zur Bezeichnung dieses Königtums jüngst nochmals sehr dezidiert Starke 2019, 611 n. 9; wir behalten dennoch die Bezeichnung „Ḫatti“ bei, um einfacher zwischen „Land (von)“ und „Stadt“ Ḫattuša differenzieren zu können, sind uns aber der Berechtigung der kritischen Anmerkungen von F. Starke bewußt.

 https://doi.org/10.1515/9783112223413-007

Anitta als womöglich erstem „hethitischen" König, zeigen doch die uns von den Hethitern hinterlassenen Quellen ein Interesse an historischen Ereignissen und Personen, die weit vor eben Ḫattušili I. zurückreichen (vgl. dazu noch unten S. 24).

Zu dem Eindruck, die hethitische Geschichte beginne praktisch aus dem Nichts, trägt nicht unwesentlich bei, daß nicht wirklich klar ist, wie Ḫattušili I. eigentlich zu seiner Herrschaftsposition gelangt ist und warum gerade Ḫattuša zu dem wichtigsten Ort für eben dieses vermeintlich mit ihm begründete Königtum ausgebaut wird – ob allein Lage und Topographie als Begründung ausreichen, ist schwer zu beurteilen.[34] Er selbst hat uns zwar Texte hinterlassen, die für die Rekonstruktion der hethitischen Frühgeschichte, wenn wir diese Phase hier einmal so verallgemeinernd bezeichnen wollen, von zentraler Bedeutung sind, nämlich sein sog. „Testament" (CTH 6) und seine Annalen (CTH 4)[35], doch schweigen sich beide in Bezug auf die genannten Punkte erstaunlicherweise aus bzw. sind in ihren Hinweisen fast schon bewußt uneindeutig, was an sich wiederum auffällig ist. In den Annalen nennt er gleich zu Beginn, wie man es erwarten würde, seine Herkunft, bezieht sich jedoch nicht, wie es sonst bei hethitischen Königen dem Standard entspricht, auf einen direkten Vorgänger oder gar Vater, von dem wir sagen könnten, daß er ebenfalls als König herrschte, sondern nimmt den Umweg über die familiäre Seite der Königin Tawananna, d. h. er nennt gerade keinen König, dem er nachgefolgt wäre. Eine vergleichbare Legitimationsstrategie zeigt sonst kein hethitischer König. Jedoch verwendet er bereits zusätzlich den Titel „Großkönig", ein Titel, den nicht jeder so einfach für sich beanspruchen konnte, in Verbindung mit dem eigentlichen Titel „König (des Landes) Ḫattuša" und der Bezeichnung als t/labarna, was dann für lange Zeit üblich bleiben sollte.[36] Dem wird jedoch noch ausdrücklich in beiden Versionen hinzugefügt, daß er eben in Ḫattuša das Königtum ausübt[37]; da dies sonst so nicht der Fall ist, kann man unterstellen, daß damit

34 Es sei hier nur auf Schachner 2024, bes. 4–5, verwiesen.

35 Über diese beiden Texte, die nicht nur so eigentümlich unverbunden nebeneinander stehen, d. h. keinerlei inhaltliche Berührungspunkte haben, obwohl sie sich jeder in seiner Weise mit zentralen Ereignissen der Herrschaft Ḫattušilis beschäftigen und in formaler, d. h. sprachlicher und narrativer Hinsicht, so unterschiedlich sind, sich aber überdies in ihrer Zweisprachigkeit von den allermeisten sonstigen historiographischen Texten abheben, wäre noch sehr viel mehr zu sagen, was hier aber nicht der Ort sein kann.

36 Zum Titel „Großkönig", der in der hethitischen Überlieferung immer absolut, also nie als Bezeichnung „Großkönig von X", verwendet wird und seiner (anatolischen) Tradition wäre einiges zu sagen, wofür hier nicht der Raum ist; vgl. aber noch die folgende Anmerkung. Dementsprechend ist bei de Martino 2023, 14 in KBo 6.29+ I 5 zu Puduḫepa MUNUS.LUGAL GAL-*TI* MUNUS.LUGAL KUR ^{URU}*ḪA-AT-TI* zu korrigieren, wie das Anschlußstück KBo 50.56 deutlich zeigt.

37 Im Telipinu-Erlaß wird dies bekanntlich ausdrücklich erst von Muršili I. mit nahezu der identischen Formulierung wie in den Ḫattušili-Annalen gesagt: CTH 4: KBo 10.2 I 2–3; CTH 19: KBo

eine bestimmte Absicht verbunden ist.[38] In seinem Testament wiederum hat man den Eindruck, daß diese Frage geradezu bewußt umgangen wird, doch wird immerhin ein „Großvater" genannt, der seinen Sohn namens Labarna (wohl) als Thronfolger eingesetzt hat.[39] Zwar fügt sich dies gut zum Bericht des Telipinu, wo die Liste der Vorgänger und ihrer Taten ebenfalls mit Labarna (I.)[40] beginnt, doch

---

3.1 I 24; bei Ḫattušili fehlt dagegen hier der Zusatz „in Ḫattuša", CTH 19: KBo 3.1 I 14; über Labarna wird wiederum gesagt: „er war Großkönig", CTH 19: KBo 3.1 I 2, eine in dieser Form durchaus ungewöhnliche Feststellung, die einen programmatischen Sinn haben könnte, etwa in dem Sinne, daß er der erste in dieser Linie war, der diesen Titel trug; in KBo 10.1 I 1 fehlt der Eigenname, und es heißt, der Großkönig habe die Königsherrschaft „in Ḫattuša ergriffen"; das ist die Standardformulierung, die der Erlaß auch bei den späteren Königen verwendet. Die Annahme, daß diese Einleitung vor allem stereotypisch formuliert sei, könnte nicht irreführender sein, vielmehr lohnt eine präzise Lektüre durchaus. Weder bei Labarna noch bei Ḫattušili wird der Name des Landes oder der Stadt erwähnt, über das beide herrschen. Nach der herkömmlichen Rekonstruktion des Textes scheint selbst Telipinu nur den Großkönigstitel zu führen, ohne das übliche LUGAL KUR URU.ḪATTI (vgl. Eisele 1970, 16; Hoffmann 1984, 12; Gilan 2015, 138; van den Hout 1997, 194). Auffallend ist aber, daß im Haupttext KBo 3.1, wo der Text dieser Zeile zwar nicht mehr erhalten ist, die Zeile im Vergleich mit den folgenden nur bestenfalls halb gefüllt gewesen wäre. In KBo 3.67, die einzige Version, an der an dieser Stelle noch etwas mehr Text vorhanden ist, scheint der Bezug auf das Königtum von Ḫattuša tatsächlich zu fehlen, allerdings ist die Zeile schlechter erhalten, als es in der Autographie den Eindruck macht; leider ist das Foto an der Stelle nicht so eindeutig, daß man wirklich sicher sein kann, ob dort nicht doch noch mehr gestanden hat.

38 Für die Frage, welche Stadt denn nun ab wann „hethitische" Residenz war, gibt es unterschiedliche Vorschläge: Ḫattušili selbst wird in der jüngeren Tradition, sowohl in eigenen Texten wie dann auch späteren, zunächst mit Kuššara verbunden (vgl. de Martino 2022, 210), mal als „König" (LUGAL), aber auch nur als „Mann" (LÚ) von Kuššara, und tut dies selbst im Testament ebenfalls (vgl. noch die vorhergehende Anmerkung). Andere haben vorgeschlagen, daß schon Generationen vorher, nach der Zerstörung von Ḫattuš(a) durch Anitta, wie sie in CTH 1 berichtet wird, die Stadt direkt wieder aufgebaut worden sei und haben dafür einen frühen Ḫuzzija ins Spiel gebracht (vgl. Kloekhorst 2019, 261, sowie Barjamovic und Schwemer 2019), was aber m.M.n. nicht mit der Einleitung des Telipinu-Erlasses (CTH 19) zu vereinbaren ist; dazu noch unten S. 34 und 56.

39 HAB III 42; beachte, daß eben die Stadt Šanaḫuitta, in der dies geschehen sein soll, das erste Ziel überhaupt ist, gegen das Ḫattušili I. nach dem Bericht seiner Annalen zieht, also einen der wenigen konkreten Anhaltspunkte bietet, die diese beiden Texte miteinander verbindet; war es womöglich nötig, eine potentielle Konkurrenz um die Herrschaft auszuschalten? Schon am Ende der altassyrischen Zeit gehörte die Stadt zu einer gegen Ḫattuš(a) gerichteten Koalition, doch sind die chronologischen Zusammenhänge nicht klar genug, um entscheiden zu können, ob es sich bei diesem Konflikt um denselben handelt, wie den zu Zeiten des Großvaters in ḪAB, oder ob dies eine Fortsetzung der Auseinandersetzungen darstellt; zusammenfassend dazu Miller 2009–2011.

40 Starke 1985, 111 wollte diese Stelle so verstehen, daß sie sich nicht auf eine Person namens Labarna bezieht, das sei ein Mißverständnis des hethitischen Kopisten, sondern gemeint sei dies im Sinne einer allgemeinen Feststellung: es sei üblich gewesen, daß der *labarna* eben Großkönig war. Selbst die anschließenden Zeilen könnte man tatsächlich noch immer im Sinne einer solchen

wird auch dort nicht ausdrücklich genannt, in welchem (Verwandtschafts-)Verhältnis Ḫattušili und Labarna zueinander stehen. Es ist immer bis zu einem gewissen Grade wohlfeil, damit zu argumentieren, was nicht erwähnt wird, doch könnte jedenfalls der Eindruck, daß Ḫattušili nicht zwingend der Sohn und designierte Nachfolger eben dieses Labarna ist, weil es eben nicht ausdrücklich genannt wird und Legitimation in diesem Kontext doch eine Rolle spielt, von Bedeutung sein, sonst wäre das vermutlich auch gesagt worden.[41] Dazu könnte auch passen, daß er sich in gewisser Weise von der Generation der Söhne seines eigenen Großvaters distanziert, denn diese sollen sich gegenüber dem Großvater von Ḫattušili ja nicht loyal verhalten haben (HAB III 42–43), also genau das illoyale Verhalten, das eines der zentralen Themen des Telipinu-Textes selbst ist.

allgemeinen Feststellung lesen, doch spätestens mit der Aufzählung eroberter Städte (ab I 10 ff.) verläßt der Text m. E. die Ebene einer allgemeinen Aussage. Hinzu kommt noch der zeitliche Bezug mit der Regierung Ḫattušilis (vgl. I 13: *appa Ḫattušilis ḫaššuet*; mit Bezug auf das *karū* in I 2), so daß m. E. auch die erste Passage als Beschreibung einer konkreten Herrschaft eines ganz bestimmten Königs, der hier als Labarna bezeichnet wird, zu verstehen ist. Es sei nochmals darauf hingewiesen, daß KBo 10.1, also die Fassung, die m. E. noch am unverstelltesten inhaltlich die „originale" Komposition repräsentieren dürfte, ganz auf den Eigennamen verzichtet und stattdessen nur von dem „Großkönig labarna" spricht, d. h. wie der eindeutig zeitgenössische Tikunani-Brief, allerdings wieder mit anderer Reihenfolge.

41 Auf die genealogischen Verhältnisse geht der Telipinu-Erlaß erst dann näher ein, wenn er die Intrigen und Königsmorde thematisiert, d. h. erst nach dem Bericht über Muršili, dessen genealogisches Verhältnis zu Ḫattušili ebenfalls nicht näher ausgeführt wird.

6 Die Vorgänger Ḫattušilis I.

Naheliegenderweise gab es in der Vergangenheit verschiedene Versuche, den „Großvater“ von Ḫattušili namentlich zu identifizieren[42]; dafür kamen verschiedene Personen in Frage, die in den sehr fragmentarisch überlieferten Texten belegt sind, die sich auf die Frühphase der hethitischen Überlieferung zu beziehen scheinen, oder man zog die sog. Opferlisten für die verstorbenen Mitglieder des Königshauses heran, die eine ganze Reihe von gut bekannten Namen hethitischer Könige, aber auch anderer Mitglieder der Königsfamilie, nennen und auf die immer wieder zurückgegriffen wurde, um Lücken in der „Königsliste“ zu vervollständigen, in denen allerdings ebenso Namen auftreten, die u. U. noch in Zeiten vor der Reihe der historisch sonst gut belegten Könige eingeordnet werden könnten.[43] So kam es z. B. zur Identifikation des Großvaters mit dem dort als Vater eines Labarna, wobei der letztere Name allerdings weitgehend ergänzt ist, genannten Papaḫdilmaḫ, was allerdings nur eine von verschiedenen vorgeschlagenen Varianten darstellt.[44] Mit der Entdeckung eines kreuzförmigen Königssiegels Muršilis II. än-

42 Warum hier eventuell nur vom „Großvater“ die Rede ist und der Name nicht genannt wird, haben wir im ersten Teil ausführlicher erörtert; vgl. S. 15.

43 Neben den Anfängen betraf dies vor allem die Liste der Könige in der Epoche zwischen Telipinu und den direkten Vorgängern Šuppiluliumas I.; vgl. dazu nur in seiner Kontroverse mit H. G. Güterbock die Arbeit von Otten 1968. Nachdem der historische Wert dieser Opferlisten in der Vergangenheit schon immer wieder skeptisch beurteilt wurde, argumentiert nun Gilan 2014, daß diese nicht etwa als Primärquellen zu betrachten seien, sondern erst zu einem viel späteren Zeitpunkt eben auf der Grundlage (noch) vorhandener verschiedener historischer Texte kompiliert worden wären (Gilan 2014, 99; vgl. noch unten n. 64), womit sie einen Teil ihrer Authentizität und damit ihres Wertes für die historische Rekonstruktion verlören. Auch wenn er selbst dies etwas einschränkt und vor allem auf die Frühphase bezieht, bedeutet dies, daß es schon aufgrund der uns sonst nicht bekannten Namen deutlich mehr an Quellen gegeben haben müßte, als wir heute kennen, auf die die uns sonst unbekannten Informationen zurückgehen müßten, da man sich doch wohl dabei kaum auf mündliche Traditionen gestützt haben wird, falls wir das nicht gleich als eine (fiktive) historische Rekonstruktion sehen wollen, wozu ich nicht tendiere. Eine solche spätere Kompilation oder gar Konstruktion ist zunächst alles andere als ausgeschlossen. Es stellt sich aber schon die Frage, warum man nach Jahrhunderten auf einmal einen Kult einführen sollte, in dem man für lange vergessene Könige, Königinnen und weitere Mitglieder einer Königsfamilie Opfer auflistet und sich dazu ans Studium alter Urkunden macht und daraus dann eine in Teilen konstruierte Historie verfertigt. Ist es nicht plausibler, einfach tatsächlich von einer lange bestehenden kultischen Tradition auszugehen, auch wenn diese womöglich erst später verschriftet worden sein mag, als von so einer doch recht hypothetischen Konstruktion?

44 Bin-Nun 1975, 55, die aber mit einem alternativen Lesevorschlag für HAB (durch Einfügung eines „meinen Vater“ in III 44) in diesem „Labarna“ den Titel des Ḫattušili, also eines „Labarna II.“, sieht, womit Papaḫdilmaḫ zum Vater des Ḫattušili und nicht etwa seines Vorgängers Labarna

 https://doi.org/10.1515/9783112223413-008

derte sich die Ausgangslage nun aber gravierend, denn die dort zu findende Reihenfolge der ganz frühen Vorgänger Muršilis II., mit denen er ganz offensichtlich in programmatischer Weise seine eigene Herrscherdynastie beginnen läßt, fügt der bekannten Reihenfolge Labarna – Ḫattušili – Muršili nun noch einen Ḫuzzija hinzu, also eine weitere Person, die zumindest aus Sicht Muršilis II. quasi am Beginn steht, die aber sonst weder bei Ḫattušili I. noch bei Telipinu als Teil der Geschichte erwähnt wird.[45]

Die interessante Frage ist, wodurch diese Aufzählung eigentlich bedingt ist. Naheliegend ist der Gedanke, in dem Namen, der historisch gesehen am frühesten einzuordnen ist, so etwas wie einen „Gründer" oder „Stammvater" der Dynastie zu sehen, dem sich Muršili II. selbst verbunden fühlt, doch spricht sonst in der uns bekannten hethitischen Tradition nichts für so einen Gedanken.[46] Dies muß dann

---

wird. Eine Interpretation, die in einer Reihe von Arbeiten übernommen wurde; vgl. etwa Forlanini 2010, 116 n. 9, der sich dem ebenfalls anschließt (vgl. die Rekonstruktion des „nördlichen Zweiges" Forlanini 2010, 119); alternativ könnten dann Papaḫdilmaḫ und Labarna Brüder sein (Beal 2003, 16–17). Über die sog. Opferlisten (KUB 11.7 I 11) hat man dann wiederum weitere Generationen davor versucht zu rekonstruieren, so als Vater des Papaḫdilmaḫ einen BU-Šarruma sowie wiederum dessen Vater Tutḫalija (vgl. wiederum Beal 2003, 16–17, dem z. B. Forlanini 2010, 121–122 folgt), mit zusätzlichen Weiterungen, die wir hier nicht aufgreifen wollen. Sehr interessant noch das paläographisch mindestens mittelhethitisch zu datierende, aber sehr kleine Fragment KBo 28.137 in akkadischer Sprache, in dem wohl ein Papaḫdilmaḫ (allerdings deutlich mit Zeichen KI statt DI geschrieben; wie diese Abweichung zu erklären ist, muß offen bleiben) vor einem Ḫuzzija erscheint, bei dem es sich beim heutigen Stand der Diskussion womöglich um Ḫuzzija „I." (zu der hier verwendeten Form der Zählung s. noch die Erläuterung in n. 48) handeln könnte, jedenfalls wäre ein historischer Kontext hier durchaus plausibel; inhaltlich ergibt das Fragment sonst wenig, doch stellt seine Existenz allein schon einen interessanten Befund dar.

45 Die Lesung ist, angesichts des Erhaltungszustandes der Siegelabdrucke wenig erstaunlich, alles andere als sicher, auf jeden Fall aber eine plausible Möglichkeit (z. B. Weeden 2022, 542: „probably Huzziya"). Ausgangspunkt war die Identifikation des Zeichens *-zi/a*, das wenig Optionen für (bisher bekannte) hethitische Königsnamen zuläßt, zu dem dann noch (nach neuerlicher Kollation) das neu angesetzte Zeichen *hwi/a*, wie im PN Mahuzzi (vgl. noch Herbordt 2005, 136 zu Nr. 131), kam, was die Interpretation dann absicherte; vgl. Nachtrag Hawkins bei Dinçol et al. 1993, 106. Dementsprechend dann jetzt z. B. Hawkins 2024, 7.

46 Das bedeutet natürlich nicht, daß dennoch immer wieder solche Aspekte in der Forschung diskutiert wurden und werden, etwa, ob Anitta der „erste Hethiterkönig" war oder sich spätere Könige auf ihn beziehen in traditionsstiftender Weise, doch sind solche Erörterungen mäßig zielführend. Nichtsdestotrotz bin ich, anders als offenbar A. Gilan, der von einem nur geringen Interesse an den Vorgeschichten und Anfängen (einer „distant past") ausgeht und gar von einem „Kingdom without a past" spricht (Gilan 2018; vgl. noch Gilan 2019), der Meinung, daß wir es vielmehr mit einem ganz ungewöhnlichen Sinn für vergangenes Geschehen zu tun haben, der sich in verschiedenster Weise in den hethitischen Quellen niedergeschlagen hat und zwar während der gesamten Zeit der Überlieferung. Reicht die Überlieferung zu historischen Ereig-

nicht heißen, daß eben dieser Ḫuzzija der direkte Vorgänger, Vater des Labarna und womöglich der „Großvater“ Ḫattušilis war[47], doch hat man dies für eine durchaus naheliegende Interpretation gehalten, so daß wir jetzt also mit einem weiteren König mit Namen Ḫuzzija zu rechnen haben, der in der Abfolge dann eigentlich als „I.“ zu zählen wäre.[48] Daß damit aber nicht gleichzeitig wirklich der „Gründer“ der

---

nissen doch, selbst dann, wenn man die Texte über die akkadezeitlichen Könige nicht berücksichtigt, immer noch deutlich bis selbst vor Anitta zurück.

47 In diesem Sinne etwa Beal 2003, 31, der allerdings in diesem Ḫuzzija „I.“ denjenigen sieht, der Ḫattuša nach der Zerstörung durch Anitta wieder aufgebaut hat, Beal 2003, 24–25. Das würde aber bedeuten, daß Ḫattušili I. nicht erst die Stadt zur Hauptstadt seines Königtums gemacht oder allenfalls, daß er es wieder dazu gemacht hätte. Doch scheint mir das nicht zur Feststellung Telipinus zu passen, daß (erst) Muršili I. in Ḫattuša als König herrscht. Wie immer man sich in der Frage positioniert, es sollte dabei ebenfalls deutlich sein, daß es alles andere als klar ist, wie man die archäologisch faßbaren Entwicklungen in der Stadt, etwa mit dem Entstehen von repräsentativen Bauten, konkret mit historischen Ereignissen verbindet oder gar kausal verknüpft, solange es dafür keine wirklich belastbaren Hinweise gibt. So führt z. B. Schachner 2020, 400–401 eine Reihe möglicher Gründe an, präferiert dann aber die Erklärung, daß die aus Kuššara verdrängte („expelled“) Dynastie eine sichere Machtbasis für den Machtkampf mit konkurrierenden Mächten gesucht habe; vgl. dazu noch Schachner 2024, 12, wo eine direkte Verbindung zwischen einer „new Hittite form of governance“, die offenbar in Verbindung mit Ḫattušili gesehen wird, zu einer ganzen Reihe von neuen und „autochthonen“ hethitischen öffentlichen Gebäuden geführt habe. „This change of governance is archaeological clearly reflected in the architectural refurbishment of the various official parts of the settlement, but with some delay“ (Schachner 2024, 12), wobei freilich die „Verzögerung“ den direkten Zusammenhang eigentlich wieder abschwächt. Das sind dennoch plausible Annahmen, doch gibt es bisher weder konkrete Belege dafür, daß die Dynastie aus Kuššara verdrängt wurde, noch, daß zwischen den archäologisch nachweisbaren Entwicklungen und den historisch-politischen ein so unmittelbares kausales Verhältnis bestünde, zumal die chronologischen Fragen kaum als eindeutig geklärt gelten können. Gleichwohl wird man davon ausgehen dürfen, daß mit dem Machtzuwachs der in Ḫattuša regierenden Könige mit einem entsprechenden Niederschlag bei baulichen Maßnahmen zu rechnen ist, doch wie konkret sich das gestaltet hat, ließe sich erst sagen, wenn die Datierung historischer Entwicklungen mit denen baulicher Natur tatsächlich zu korrelieren wäre, wovon wir aktuell noch weit entfernt sind. Es sei nochmals daran erinnert, daß eine Datierung der Regierungszeiten eines Ḫattušili I., eines Muršili I. oder auch des Telipinu bisher allenfalls näherungsweise möglich ist, jedenfalls, was den Bezug zu einem absolut chronologischen System angeht.

48 So schon Dinçol et al. 1993, 104–106 bei ihrer Veröffentlichung des Siegels. Für die Zählung dieses Königs gibt es noch keine einheitliche Verfahrensweise; eine „0.“ ist m. E. wenig tauglich, bleibt eigentlich nur die „I.“, was aber eine Neuzählung der folgenden namensgleichen Könige nach sich zieht. Grundsätzlich bin ich kein Freund solcher Änderungen, also etwa Ḫattušili III., den Ḫattušili der Apologie (CTH 91), jetzt als „II.“ zu zählen, obwohl ich selbst vor etlichen Jahren mich gegen einen „Ḫattušili II.“ in mittelhethitischer Zeit ausgesprochen habe. Die Zählungen sind Etiketten, die wir vergeben, und wir sollten diese möglichst beibehalten, wenn sie sich einmal etabliert haben. Im Falle der Könige mit Namen Ḫuzzija erscheint mir eine Änderung der Zählung aber als Kompromiß vertretbar, da die schon länger bekannten bisher eher eine periphere

Dynastie gemeint sein muß[49] und daß tatsächlich mit den genannten vier Namen eine direkte Abfolge vorliegt, könnte ein weiterer Gedanke nahelegen. Bei der Entwicklung längerer Genealogien in der hethitischen Tradition, was bekanntlich erst ein Phänomen der Großreichszeit ist, läßt sich das bemerkenswerte Phänomen beobachten, daß diese Könige sich gerade nicht einheitlich auf einen „Gründer" beziehen, sondern Ḫattušili III., Tutḫalija IV. und Šuppiluliuma II. beziehen sich jeweils nach ihren direkten Vorgängern auf einen namensgleichen Vorfahren aus der älteren Geschichte – lediglich bei Šuppiluliuma II. fällt dies tatsächlich mit der gesamten Reihe seiner Vorgänger bis Šuppiluliuma I. zusammen. Von Muršili II. liegt eine so ausführliche Genealogie (bisher) in keinem Text vor, doch liefert dieses, das wohl ungewöhnlichste Siegel von ihm, nicht nur das Urbild für die seiner Nachfolger, sondern gleichzeitig das elaborierteste Modell, das wir überhaupt kennen. Auf der Seite, auf der sein Name im Zentrum steht, finden sich in den einzelnen „Flügeln" seine vier Vorgänger, von denen jeder eine eigene Generation in der Abfolge Vater-Sohn repräsentiert: Šuppiluliuma I. – Tutḫalija II. – Arnuwanda I. – Tutḫalija I.[50] Die andere Seite des Siegels schließt an diese Liste an, indem nun im Mittelfeld Muršilis II. Vater, Šuppiluliuma I. genannt ist, in den Flügeln stehen aber nun nicht dessen Vorgänger nochmals, sondern die Liste greift

---

Rolle spielen und seltener thematisiert werden. Doch keine Lösung ist optimal, so wird hier vorerst eben die Zählung mit „I." verwendet, bis sich eine Konvention etabliert hat, doch bin ich damit selbst wenig glücklich.

49 Anders z. B. Kloekhorst 2019, 261, für den es offenbar eine Selbstverständlichkeit ist, daß dieser Ḫuzzija von den Hethitern selbst als „the first Hittite king" und „the founder of their royal dynasty" angesehen wurde. Dabei zeigen ja gerade die ausführlichen Genealogien der großreichszeitlichen Könige, daß sie sich keineswegs auf einen solchen „Dynastiestifter" oder „Dynastiegründer" beziehen, sondern auf durchaus wechselnde Bezugspersonen für die jeweilige Genealogie. Warum bei Muršili II. nun ausgerechnet der Name Ḫuzzija auftritt, den sonst die gesamte Überlieferung weitestgehend verschweigt, bleibt erst noch zu klären. Daß die dahinterliegenden Gründe durchaus komplexer Natur sind, zeigt sich u. a. auch daran, daß selbst die frühen Bezugspunkte unterschiedlich sein können. So bezieht sich Šuppiluliuma II. in ABoT 1.56 Vs. I 7 offenbar auf seinen namensgleichen Vorfahren Šuppiluliuma I.; doch in KBo 12.41+ (= CTH 122) erscheint an der Stelle (Vs. I 4) offenbar der Name Muršili, womit vermutlich eher der tatsächliche Ur-Großvater Muršili II. gemeint ist und nicht der Ur-Ahn Muršili I., wobei in beiden Fällen die Angabe ŠÀ.BAL.BAL verwendet wird.

50 Ungewöhnlich für Genealogien ist auch die Erwähnung der jeweiligen Königinnen, doch sind diese für unsere Fragen hier unergiebig. Eine gewisse Unsicherheit besteht allenfalls bei Arnuwanda I., da nicht klar ist, ob er wirklich leiblicher Sohn oder eventuell doch adoptiert war; dazu de Martino 2022, 226–227. Ebenfalls Programm dürfte sein, wer nicht erwähnt wird – der eigene Bruder Arnuwanda II. sowie der von Šuppiluliuma I. gestürzte Tutḫalija, der sein, des Šuppiluliuma, Bruder war. Campbell 2022 kommt mit bedenkenswerten Argumenten zu teilweise anderen Interpretationen, doch ist hier nicht der Raum dies ausführlich zu diskutieren, da dies für die uns interessierenden Aspekte nicht entscheidend ist.

zurück auf den namensgleichen Vorgänger aus der althethitischen Zeit, Muršili I., sowie dessen Vorgänger. Die Anordnung auf dem zweiseitigen Siegel ist dabei durchaus einfallsreich. Auf der Seite, auf der sich Muršili II. selber im Zentrum nennt, finden sich auf den Flügeln nicht seine direkten Vorgänger, sondern entweder diejenigen unter Auslassung seines Vaters, und übrigens auch seines Bruders, die vor ihm regiert haben, dafür aber unter Einbeziehung des von Šuppiluliuma gestürzten Tutḫalija, den wir bei unserer modernen Zählung in der Regel vernachlässigen, oder eben mit Šuppiluliuma an der Stelle eben dieses Tutḫalija.[51] Wenn hier also, wie bei den Nachfolgern Muršilis II., der Rückbezug auf den namensgleichen Ahnen den eigentlichen Impetus der Aufzählung darstellt, und das scheint mir durchaus plausibel, dann wäre es ungewöhnlich, wenn dann nach der Abfolge Muršili I. – Ḫattušili I. – Labarna nochmals ein „Sprung“ in der Aufzählung erfolgen würde[52]; vielmehr sollte dann Ḫuzzija tatsächlich auch der Vorgänger des Labarna gewesen sein, denn, wie schon gesagt, die Motivation für die Namensabfolge ist nicht, bei allerersten Königen zu beginnen, sondern den Bezug zum eigenen „Namenspatron“ herzustellen.[53] Freilich, das ist klar, ist dies nur eine In-

51 Ursprünglich war angenommen worden, daß Spuren eines PURUS-Zeichens lesbar sind, was sich dann später nicht mehr verifizieren ließ. Simon 2020, 185 nennt als Prinzip der Reihung nicht die Genealogie, sondern die Absicht, quasi eine Königsliste zu präsentieren; dies erklärt aber weder die Auslassung von Šuppiluliuma I. auf dieser Seite, falls er fehlt, sicher aber nicht die von Arnuwanda II., den er, wenn ich recht sehe, überhaupt nicht erwähnt (zur Diskussion um die Ergänzung Simon 2020, 185–186 n. 12). Eine Nennung des ansonsten, sieht man von den Pestgebeten ab, als „König“ ignorierten Tutḫalija, „dem Jüngeren“ (Miller 2004, 7–9) erscheint mir nach wie vor nicht sehr plausibel. Unabhängig von der Ergänzung Tutḫalija oder Šuppiluliuma ergibt sich dennoch, da diese Brüder waren, eine genealogische Reihung im Sinne aufeinanderfolgender Generationen seit Tutḫalija I.

52 Mit der Abfolge Ḫattušili – Muršili handelt es sich nicht um eine direkte Generationenfolge; wieweit das in der Zeit Muršilis II. noch bekannt war, ist unsicher. Immerhin deutet ein Beleg aus der Zeit Ḫattušilis III. daraufhin, daß man sich sehr wohl bewußt war, daß Ḫattušili mit Muršili seinen Enkel zum „Sohn“ und Thronfolger ernannt hat (CTH 6).

53 Andere haben dagegen betont, daß hier vor allem zum Ausdruck kommen soll, daß in Ḫuzzija gerade der Gründer der Dynastie gesehen wurde, so etwa de Martino 2022, 210–212, was sich natürlich nicht ausschließt. Dann wäre es ein (glücklicher) Zufall, daß die Reihe bei Ḫuzzija beginnt und bei Muršili endet. Man könnte, allerdings sehr hypothetisch, auch argumentieren, wenn denn der Bezug auf den Namensträger Muršili für die Gestaltung der Rückseite so wichtig war, warum steht sein Name dann nicht in der Mitte. Das hätte aber bedeutet, daß auf beiden Seiten das Mittelfeld mit dem Name Muršilis versehen ist, es sich aber um zwei verschiedene Personen gehandelt hätte, was vielleicht auch als irritierend empfunden worden wäre. Aber, wie gesagt, das ist alles spekulativ. In der Regel, mit der Ausnahme bei Šuppiluliuma II., wie vor vielen Jahren bereits E. Laroche (Laroche 1953) registriert hatte, scheinen die Hethiter selbst keine Differenzierung bei gleichnamigen Königen vorgenommen zu haben.

terpretationsmöglichkeit, aber immerhin eine, die m. E. durchaus eine gewisse Plausibilität für sich in Anspruch nehmen kann.

7 Ḫuzzija, ein „hethitischer" König vor Ḫattušili I.

Unabhängig von diesen Überlegungen hat sich in jüngerer Zeit die Meinung durchgesetzt, daß dieser Ḫuzzija also tatsächlich ein guter Kandidat nicht nur für den Vorgänger des Labarna, sondern damit auch als Großvater des Ḫattušili I. sein könnte. Die so also erweiterte frühe Königsliste wäre damit u.U. hilfreich, den in einem weiteren vieldiskutierten Text, dem Text, der als Zalpa-Text bekannt ist (CTH 3) und der mit der Episode über die Könige von Neša beginnt und im Anschluß historischer Ereignisse aus der Frühgeschichte Kleinasiens berichtet, damit bestimmten Königsnamen zuzuweisen und sie somit zu identifizieren, zumal die Handelnden dort nicht namentlich genannt sind, sondern nur über ihre genealogische Beziehung differenziert werden. Auf die möglichen Gründe sind wir oben bereits eingegangen, hier soll vor allem der mögliche konkrete historische Hintergrund interessieren. Ausgehend von der überwiegend favorisierten Datierung des Textes bzw. seiner Entstehung auf Ḫattušili I. wurden deshalb der „König" des Zalpa-Textes mit diesem identifiziert und der „Großvater des Königs" dementsprechend mit dem Ḫuzzija, den Muršili II. auf seinem Siegel nennt, da die Identifikation des Großvaters von Ḫattušili I. inzwischen als weitgehend gesichert angesehen wurde.[54]

Gleichzeitig entpuppte sich eben der Name Ḫuzzija als einer der beliebtesten hethitischen Königsnamen, da mit dem bisher vor allem aus dem Telipinu-Text bekannten als Ḫuzzija I. gezählten und dem durch die Landschenkungsurkunden gesicherten Ḫuzzija II. in mittelhethitischer Zeit, nun nicht weniger als drei Könige diesen Namen führten, auch wenn der Name in der Großreichszeit dann an Attraktivität zumindest als Herrschername verloren hat. Und darüber hinaus wissen wir sogar noch von einem weiteren König namens Ḫuzzija. Dieser Ḫuzzija war allerdings König von Zalpa und Widersacher Anittas, wurde von diesem gefangen nach Kaneš/Neša weggeführt, nachdem er den sich offenbar schon über einen längeren Zeitraum andauernden Konflikt zwischen den beiden Städten bzw. Kö-

54 Seit Beal 2003 wird die Datierung auf Ḫattušili I. als Verfasser überwiegend favorisiert. Zur „Gleichung" mit dem Zalpa-Text jüngst etwa de Martino 2022, 209; der „alte König" sei dementsprechend mit Labarna zu identifizieren. Beachte aber, daß im Text ja von einem „Vater des alten Königs" und von einem „Großvater" die Rede ist, also, strenggenommen damit der Vater des Labarna ein anderer wäre als der „Großvater des Königs", man also mit zwei verschiedenen genealogischen Reihen rechnen müsse oder, wie ich früher schon vorgeschlagen habe, der „Großvater des Königs" eigentlich der „Großvater des (alten) Königs" sein müßte und damit nicht als Ḫuzzija identifiziert werden könnte. Siehe dazu noch ausführlich weiter unten.

 https://doi.org/10.1515/9783112223413-009

nigtümern siegreich beenden konnte.[55] Die Namensgleichheit ist selbstverständlich schon aufgefallen, und sie hat auch dazu geführt, daß man versucht hat, die Könige der frühen hethitischen Texte zu diesem Ḫuzzija von Zalpa, der noch einen Vorgänger namens Uḫna besessen hat, in irgendeine Verbindung zu bringen[56], ohne daß es dafür bisher konkrete Vorschläge gäbe, wie diese Verbindung aussehen könnte.[57]

---

55 Und es gibt noch weitere in der Königsfamilie oder ihrem Umfeld; ist es Zufall, daß sowohl Ḫattušili I. als auch Ḫattušili III. jeweils einen Sohn dieses Namens hatten? Zu einigen von diesen sei auf Bilgin 2018, 111–112 verwiesen.

56 Am ausführlichsten bei Forlanini 2010; in seiner Übersicht taucht der Ḫuzzija, König von Zalpa, in einem unklaren Abstand als Vorfahre, so ist das Schaubild wohl zu interpretieren, des Ḫuzzija „I.“ auf. So anregend in vielen Details dieser Beitrag ist, der grundsätzliche Versuch, zwei (dauerhaft konkurrierende) Familienzweige für die frühe hethitische Geschichte zu rekonstruieren, hat zumindest mich nicht überzeugt, da mir manches zu vage mit Quellen unterfüttert ist und auf einer ganzen Reihe kaum zu belegender Annahmen beruht (vgl. etwa Forlanini 2010, 124–126 zu den diversen Ḫuzzijas bis hin zu einem Ḫattušili II., Forlanini 2010, 130). Das gilt m. E. besonders für die Überlegungen zur (vermeintlichen) neuen Thronfolgeregelung des Telipinu, mit der erst eine patrilineare Erbfolge etabliert worden sei – für Forlaninis Thesen aber ein ganz wesentlicher Aspekt. Dabei ist kaum von der Hand zu weisen, daß Patrilinearität schon von Beginn an in den hethitischen Quellen eine ganz zentrale Rolle spielt. Forlanini 2010, 121 bezeichnet Ḫuzzija als „typically northern name“, was sich wohl allein auf den Ḫuzzija des Zalpa-Textes stützen kann; vgl. außerdem noch Kloekhorst 2019, 140 zum Namen in altassyrischen und hethitischen Texten.

Die Behauptung bei Gilan 2014, 91, daß M. Forlanini in seinem genannten Beitrag den Ḫuzzija des Anitta-Textes mit dem Ḫuzzija des kreuzförmigen Siegels identifizieren würde, trifft so nicht zu; zwar hat Forlanini das erwogen, dann aber doch explizit verworfen, wobei er u. a. auf chronologische Probleme verweist (Forlanini 2010, 123), wie nicht nur der Stammbaum unterstreicht, sondern das zeigen auch die versuchsweise angegebenen Datierungen, nach denen M. Forlanini (Forlanini 2010, 122) mit einem Ende der Regierung Anittas um 1720 rechnet, den Regierungsantritt Ḫuzzijas „I.“ aber erst kurz nach dem Ende von *kārum* Ib ansetzt.

57 Vgl. dazu noch S. 49. Bei de Martino 2022, 208–210 z. B., der ausführlich auf den Anitta-Text einerseits und den Zalpa-Text andererseits eingeht, wird keine Verbindung zwischen dem Ḫuzzija des Anitta-Textes und dem Bericht des Zalpa-Textes hergestellt. Weeden 2022, 541–542 geht auf den Ḫuzzija des Siegels ein, erwähnt aber den Ḫuzzija des Anitta-Textes nicht. G. Barjamovic in seinem Beitrag zur Geschichte Anatoliens in altassyrischer Zeit (Barjamovic 2022) bezieht sich zwar wiederholt auf den Anitta-Text, erwähnt aber den dort genannten „Ḫuzzija von Zalpa“, wenn ich recht sehe, nicht, dafür aber Ḫuzzija „I.“, dem er ebenfalls den „Wiederaufbau“ von Ḫattuša zuschreibt nach der Zerstörung durch Anitta, wobei er sich auf die sprachlichen Analysen von Kloekhorst beruft (Kloekhorst 2019, 527 n. 128; zu diesen, aus meiner Sicht, schwerlich haltbaren Thesen s. n. 165). Unklar ist, ob er mit einer zeitlichen Lücke zwischen der Zerstörung Ḫattušas und dem Wiederaufbau rechnet, da die Angaben zur Chronologie mir nicht nachvollziehbar sind (vgl. Kloekhorst 2019, 545, 547) und einerseits die These einer „Übersiedelung des Hofes“ von Kaneš nach Ḫattuš(a) sich allein auf die sprachwissenschaftlichen Interpretationen

Man wird nicht fehlgehen mit der Vermutung, daß die ausdrückliche Angabe im Anitta-Text, daß Ḫuzzija in Zalpa König ist, dazu geführt hat, ihn nicht mit einer Person zu identifizieren[58], die in der hethitischen Überlieferung als einer der frühesten Könige erscheint, zumal für dieselbe historische Phase als König von Ḫattuš(a) ein Pijušti genannt wird, der aber wiederum sonst, d. h. in anderen hethitischen Texten als dem Anitta-Text, nicht erwähnt wird. Man kann es einen bemerkenswerten Zufall der Forschung nennen, daß nach fast einem Jahrhundert, das dieser König von Ḫattuša bekannt ist, er nun durch einen Neufund eines Briefes als historische Person gesichert ist. Jedenfalls ist es m. E. wenig plausibel, in den in dem vor kurzem bei den Ausgrabungen in Boğazköy gefundenen Brief bezeugten Wijušti nicht denselben König zu sehen, der als Pijušti Kontrahent des Anitta war, obwohl die Varianz in der Schreibung des Eigennamens erklärungsbedürftig ist.[59] Tatsächlich ist dies überhaupt die erste externe Evidenz, abgesehen von der Existenz Pitḫanas und Anittas selbst, die ein einzelnes Ereignis des Berichtes unabhängig bestätigt[60] und damit unterstreicht, wie „korrekt" im histori-

---

von Kloekhorst stützt (dazu dann aber später Kloekhorst 2021), andererseits aber mit dem völlig konventionellen Datum von 1650 für Ḫattušili I. rechnet.

Ich selbst habe an anderer Stelle bereits einmal angedeutet, es könnte eventuell eine Verbindung zwischen den im Anitta-Text geschilderten historischen Ereignissen und denen des Zalpa-Textes geben (Klinger 2022a, 321 n. 16), auch wenn beide Texte bzw. die jeweils ältesten uns erhaltenen Versionen nicht in derselben Zeit entstanden sind; dazu ausführlich in der eben genannten Arbeit (Klinger 2022a), da dies aber für die inhaltliche Diskussion von sekundärer Relevanz ist, wird auf diese Frage hier nicht weiter eingegangen. Ich sehe aber keinen Grund, die dort vertretenen Positionen zu revidieren, das sei hier nochmals betont, trotz der Bemerkung von de Martino 2022, 207 n. 16.

58 Dazu schon oben S. 25.

59 Vgl. Barjamovic und Schwemer 2019, 85–89; zur Variante der Schreibung für den Beginn des Namens (im Altassyrischen mit *Wi-uš-ti*, im Heth. als ᵐ*Pí-i-u-uš-ti-iš*, Schwemer 2019, 85) wird auf die Möglichkeiten verwiesen, dies als phonetisch oder orthographisch motiviert zu deuten. Dieselbe Zeichenvariante *-wi/-pí* findet sich im Auslaut von zeitgenössischen Schreibungen des Namens Anum-ḫirbe (Belege bei Miller 2001, 65 n. 2). Da schon das früh-althethitische (!) Fragment KUB 36.99 diesen sprachlich hurritischen Eigennamen im Auslaut mit der speziellen Zeichenkombination wa_a schreibt (Beleg bei Miller noch nicht gebucht), also dem Zeichen, das hethitische Schreiber kreiert haben, um das im Hattischen auftretende Phonem /f/ wiederzugeben, später auch für Schreibungen des Hurritischen, liegt m. E. nahe, die Variante im Namen des Pijušti, also eigentlich Fijušti, phonetisch zu deuten, womit an einer Identität beider kaum ein Zweifel bestehen dürfte und der Name selbst mit großer Wahrscheinlichkeit einem hattischen Sprachsubstrat, für die Frühgeschichte von Ḫattuša nicht überraschend, zuzuordnen ist. Zur Geschichte dieser Zeichenkombination demnächst S. Fischer und J. Klinger i. Vb.

60 Naheliegenderweise wurden und werden immer wieder archäologische Befunde in Ḫattuša versuchsweise mit dem Bericht des Anitta in Verbindung gebracht hinsichtlich eines möglichen Zerstörungsereignisses, doch kann man dabei nur von Wahrscheinlichkeiten sprechen, eine auf

schen Sinne dieser Bericht sein dürfte, so daß wir mit einer gewissen Sicherheit davon ausgehen können, daß auch Ḫuzzija von Zalpa „historisch" ist, was nicht heißt, daß das eine oder andere Detail sich nicht auch einer literarischen Ausschmückung verdankt.[61]

Wenn man aber, woran ich nicht zweifle, beim Anitta-Text einerseits davon ausgehen kann, daß die dort berichteten Ereignisse, um den Begriff der Fakten zu vermeiden, einen realen historischen Kern besitzen, der gegen Ende der Epoche der altassyrischen Handelskolonien vorwiegend in Zentralanatolien anzusiedeln ist, und auf der anderen Seite ebenso durchaus einiges dafür spricht, zumindest den späteren Teil des Berichts des Zalpa-Textes ebenso im Wesentlichen „historisch" zu lesen, dann wäre es alles andere als abwegig, zumal die „Protagonisten" Kaneš, Ḫattuša und Zalpa in beiden eine zentrale Rolle spielen, daß es hier Überschneidungen oder zumindest Berührungspunkte gibt, was die betreffenden Akteure und Ereignisse betrifft.[62] Vorausgesetzt allerdings ist dabei, und das ist naheliegenderweise eine zentrale Bedingung, dies gilt für den chronologischen Rahmen ebenso, was freilich nicht so ohne weiteres zu entscheiden ist. Immerhin hat die genauere Datierung des Endes der *kārum*-Zeit in Anatolien in den letzten Jahren enorme Fortschritte gemacht, so daß zumindest ein gewisser Konsens be-

---

Kausalitäten beruhende Verknüpfung ist naturgemäß ausgesprochen schwierig. So deutlich, wie etwa Klengel 1999, 31 dies noch tat, dürfte sich heute eher niemand mehr positionieren.

61 Das muß natürlich nicht bedeuten, daß jedes Detail des Textes „wahr" ist, so problematisch diese Kategorie in Bezug auf historiographische Quellen der Zeit überdies grundsätzlich ist; das sei nur nochmals deutlich festgestellt angesichts so abwegiger und in der Begrifflichkeit verfehlter („imperialist tradition"!) Spekulationen wie bei Glatz 2020, 61: „It is not, therefore, an accurate historical account of central Anatolia during the *kārum* Ib period, but an origin myth; a rationalisation and legitimisation of Hittite power over the central Anatolian plateau through the invention of an imperialist tradition." – wobei im Übrigen noch zu klären wäre, inwiefern es hier überhaupt um „Hittite power" geht, aber eine begriffliche Präzision ist nicht gerade die Stärke des Buches von Cl. Glatz.

62 In diesem Sinne war die vielleicht etwas zu knapp gehaltene Bemerkung in Klinger 2022a, 321 n. 176 gemeint; dies nun etwas ausführlicher zu begründen, ist, neben dem erfreulichen materiellen Zugewinn für KBo 22.6, der Anlaß für diesen Beitrag. De Martino 2022, 206 z. B., der den Zalpa-Text ebenfalls „historisch" liest, verortet die dort beschriebenen Ereignisse in einem von ihm als „dark age" (freilich auch im Original in Anführungszeichen; ähnlich z. B. auch van den Hout 2020, 38) charakterisierten Zeitraum nach dem Ende der Händler-Archive; Gerçek 2017, 28 spricht von einem „Machtvakuum" gegen Ende von *kārum* Ib und Ia, das die Entstehung des hethitischen Staates durch das Einverleiben kleiner, politischer unabhängiger Einheiten begünstig hätte, und folgt damit in gewisser Weise der konventionellen Perspektive, daß mit dem hethitischen Königtum ab Ḫattušili I. in machtpolitischer Sicht etwas Neues entstanden sei, was eigentlich den Kontinuitäten von der Mittel- in die Spätbronzezeit, die m. E. viel stärker sind als die Brüche, weniger gerecht wird.

steht, nach dem man sich mit der Regierung des letzten aus den altassyrischen Quellen bekannten Königs in Kaneš[63] relativ weit dem Ende des 18. Jahrhunderts nähert[64], womit sich der Zeitpunkt des Erfolges über Ḫattuš(a) durch Anitta gut eingrenzen läßt.[65] Deutlich problematischer dagegen ist das Datum für den „Beginn der hethitischen Geschichte“, um das mal so konventionell zu formulieren, und für das sich die Angabe „1650 v. Chr.“ nach der mittleren Chronologie verfestigt hat, in der Regel ohne näher zu begründen, worauf sich diese Angabe eigentlich stützt.[66]

Dieses Datum hat sich inzwischen so eingebürgert, daß vermutlich nicht mehr jedem immer bewußt ist, wo es eigentlich seinen Ursprung hat. Die Tradition (oder Konvention), den „Beginn“ der hethitischen Geschichte auf etwa 1650 v. Chr. nach der mittleren Chronologie zu datieren, reicht bis in die Mitte des letzten Jahr-

63 Daß der den Großkönigstitel tragende Zuz(z)u tatsächlich auch König in Kaneš war oder eventuell nur über die Stadt herrschte, ist allerdings nicht eindeutig geklärt; vgl. Kryszat 2016–2018, 349–350. Nur nebenbei sei bemerkt, daß Zuzu als Name in den hethitischen Texten ebenfalls vorkommt, aber natürlich nicht für dieselbe Person.

64 Auf die Problematik, wieweit diese Daten absolut-chronologisch gesichert sind, muß hier nicht weiter eingegangen werden, da für uns allein das Verhältnis innerhalb relativ-chronologischer Daten völlig ausreichend ist. Zu diesen s. etwa Barjamovic 2022, 545 (vgl. noch Barjamovic et al. 2012, 39–40 mit etwas früheren Daten); Yakubovich 2022, 11 wiederum spricht von ca. 70 Jahren Überlieferungslücke zwischen dem Ende der Handelszeit gegen Ende des 18. Jahrhunderts und der hethitischen Überlieferung mit Ḫattušili I., was ebenso denkbar ist. Leicht ließen sich hier diese Beispiele noch um vergleichbare Angaben ergänzen, was aber in der Sache kaum weiterführend wäre.

65 Zur Archäologie von Ḫattuš(a) in altassyrischer Zeit vgl. den guten Überblick bei Schachner 2018 mit einer besonderen Betonung auf der Kontinuität zwischen dem Ausgang der *kārum*- und dem Beginn der „hethitischen“ Zeit der Stadt. Ich setze „hethitisch“ hier in Anführungszeichen, um zu unterstreichen, daß ich hier keine Veränderung in Bezug auf die kulturelle Entwicklung meine, sondern bestenfalls in politischer Hinsicht. Vgl. jetzt dazu noch Schachner 2024, 6–12.

66 Man muß immer wieder betonen, daß die Angabe von Regierungszeiten wie z. B. bei Forlanini 2010, 122 für die frühen hethitischen Könige weitgehend hypothetisch ist, dabei weicht er z. B. von dem konventionellen Datum für Ḫattušili I. mit 1650 um 10 Jahre ab und setzt pauschal für Labarna bis Muršili I. 30 Jahre pro Regierungszeit an; ähnliche Rechnungen auf einer letztlich ungesicherten Basis sind aber üblich. So z. B. von Barjamovic 2022, 545 übernommen, womit für ihn die Vorgänger des Ḫattušili I., als die er Labarna und Ḫuzzija nennt, „would account for the intervening years“ nach Zuzu von Kaneš/Alaḫzina, also eine Lücke von etwa 50 Jahren, was nicht minder plausibel erscheint, aber eben letztlich hypothetisch bleibt. Ähnliche Rechnungen mit anderen Ausgangsdaten z. B. bei Kloekhorst 2019, 249 oder Kloekhorst 2021, 559. Teilweise wörtlich wiederholt, einschließlich Zitatfehler, aber ergänzt um einen aktuelleren Literaturhinweis, nämlich Schachner und Krüger [sic] 2019, 207; die Formulierung bei Kloekhorst, daß ein Besiedlungshiatus danach jetzt „depending on absolute datings“, Kloekhorst 2021, 559 n. 10, ausgeschlossen werden könne, ist vielleicht mißverständlich, denn im Original heißt es „vorbehaltlich der noch ausstehenden absoluten Datierungen“.

hunderts zurück.[67] In Ermangelung eigener Datierungsangaben in den hethitischen Quellen und von Synchronismen in der frühen Phase[68], die eine Datierung erlauben, kristallisierte sich ab den 1950er Jahren als wichtiger Anhaltspunkt die dann von Ḫattušili I. in seinen Annalen berichtete Zerstörung Alalaḫs heraus[69], das seinerseits archäologisch so hinreichend erforscht war, daß sich dieses Ereignis mit dem Ende der Schicht Alalaḫ VII identifizieren ließ[70] – die archäologische (!) Datierung dieses Schichtendes lieferte damit einen Anhaltspunkt, auf dem die entsprechende Angabe beruhte[71], die sich letztlich an den Überlegungen von A. Goetze, dem in den ersten Jahrzehnten der Hethitologie führenden Historiker, orientierte. Er hatte das, was die hethitischen Quellen bieten konnten, in die chronologische Diskussion eingeführt und dabei sukzessive seine Ansätze für die Zeitspanne reduziert, die zwischen dem „Alten Reich“ und der Großreichszeit anzusetzen ist und gleichzeitig mit den damals noch als zentral angesehen Daten der sog. Venustafeln des Ammiṣaduqa von Babylon kompatibel sind. Vor diesem Hintergrund plädierte er dann für ein Datum „um 1650 v. Chr.“ für den Babylonzug Muršilis I.[72] In der weiteren Diskussion wurde dieses Datum dann generell für den „Beginn“ der hethitischen Geschichte übernommen. Spätestens mit der Verwendung dieses Eckdatums „1650“ in der Darstellung der hethitischen Geschichte durch O. Gurney in

---

67 So z. B. bei Güterbock 1964b; Kammenhuber 1968, 24–26.

68 Lange Zeit diente der Babylon-Feldzug Muršilis I. als einziger Angelpunkt für die frühe hethitische Geschichte, was nicht ohne Folgen für die verschiedensten Fragestellungen blieb, etwa die alte Annahme, daß aus den Anfängen keine originalen Texte sich erhalten hätten, mit entsprechenden Rückwirkungen besonders hinsichtlich der Problematik der Datierung hethitischer Texte und mit Folgen sogar noch bis heute an der einen oder anderen Stelle.

69 Dazu dann schon Otten 1958, 78 n. 14 bei seiner ersten Vorstellung des Neufundes als Bestätigung dieses vermuteten Zusammenhangs.

70 Es ist m. E. nicht überflüssig, nochmals zu betonen, daß diese kausale Verbindung im strengen Sinne nicht bewiesen, sondern nur hinlänglich plausibel ist; dazu Lauinger 2015, 206 bzw. 208: „On the basis of a minimalist interpretation of the textual and archaeological evidence, Level VII began sometime in the second half of the 18th century; its end could be any where from sometime in the first half of the 17th century to the second half of the 16th century.“

71 Von Anfang an blieb es bei der Angabe „1650“, obwohl in der zeitgenössischen Literatur naheliegenderweise die Datierung keineswegs so relativ präzise lautete, sondern ein Zeitraum von 1650–1630 diskutiert wurde. Grundlage war die Arbeit von W. F. Albright zu Alalaḫ (Albright 1957), der sich seinerseits wieder auf die Überlegungen von A. Goetze bezog.

72 Vgl. dazu die Diskussion bei Goetze 1951 mit einigen zeitbedingten Fehlannahmen, die aber seine chronologischen Überlegungen nicht grundsätzlich falsifizieren; letztlich sieht er die Venustafeln als entscheidender an, als seine eigene Generationenrechnung. Man kann an dem Beitrag gut nachvollziehen, warum sich die heute diskutierten Daten auf eine „Erhöhung“ oder „Absenkung“ der gängigen chronologischen Systeme konzentrieren.

CAH[73] wurde es für Hethitologen quasi kanonisch. Letztlich hat sich daran bis heute nichts geändert[74], d. h. eine von diesem Synchronismus unabhängige Datierung fehlt, so daß bis heute unsere Chronologie der frühen hethitischen Geschichte davon – dem Synkretismus und seiner Datierung – abhängig ist. Immerhin gab es seit Albrights Vorschlag eine intensivere Diskussion der chronologischen Einordnung der mittelbronzezeitlichen Befunde im anatolisch-nordsyrischen Bereich, die jedoch erfreulicherweise, wenn ich das richtig sehe, keine grundsätzliche Revision der Datierung der hethitischen Frühgeschichte erforderlich machte, sondern diese bestenfalls um ca. 10 – 20 Jahre absenkte, was – zufällig oder nicht – noch immer im ursprünglichen Zeitfenster von Albright läge.[75]

Obwohl gerade in den letzten Jahren erhebliche Fortschritte bei den Arbeiten in Boğazköy gemacht wurden und sich das Bild von der historischen Entwicklung der Stadt nachhaltig verändert hat, ergeben sich daraus keine zusätzlichen Hinweise, die es erlaubten, die bisherigen Datierungsansätze zu verbessern oder zusätzlich zu untermauern, was eben primär an der grundsätzlichen methodischen Problematik liegt, archäologisch nachweisbare bauliche Entwicklungen direkt, d. h. kausal, mit historischen Ereignissen zu korrelieren. Inzwischen gilt es schon lange als überholt, daß eine Wiederbesiedelung der Stadt[76] in direkter Verbindung mit Ḫattušili I. und seiner „Gründung" eines hethitischen Königtums stünde. Aber selbst wenn diese Vorstellung heute obsolet geworden ist, so besteht dennoch weiter die Tendenz, zumindest den „Ausbau" der Stadt kausal mit Ḫattušili I. und seiner Entscheidung, die Stadt zum Sitz seines Königtums zu machen, zu verbin-

---

73 Gurney 1962 bzw. 1966.

74 Was nicht heißt, daß es nicht auch Ausnahmen gab, wie etwa das oben schon genannte Beispiel von Forlanini 2010. Und nochmals ganz anders ist das Bild bei der gerade von Hethitologen eine gewisse Zeit favorisierten sog. „Kurzchronologie" mit ihrem abweichenden Eckdatum, das dann auf 1560 v. Chr. lautete, was hier nicht weiter ausgeführt werden muß.

75 Stellvertretend sei hier nur auf Herrmann et al. 2023, bes. 664, verwiesen.

76 So z. B. noch etwas vorsichtiger formulierend Schachner 2011, 80, dagegen jetzt dezidiert Schachner 2024, 3 mit Bezug auf die ältere Perspektive, wie sie noch von K. Bittel vertreten wurde (dazu noch Schachner 2020, 400 – 401); daß nicht wirklich von einem Besiedlungshiatus auszugehen ist, hat sich aber schon seit längerer Zeit abgezeichnet, auch wenn dies vielleicht nicht überall registriert wurde; vgl. schon Klinger 1996, 122 c.n. 168.

Ob man die Überlieferung des Anitta-Textes deshalb als „Mythenbildung" (Schachner 2011, 71) einstufen muß, erscheint mir nicht nötig, denn Anitta spricht nur von seiner Eroberung der Stadt und der Verfluchung der Wiederbesiedlung – wieweit das wirklich nachhaltig war, darüber sagt der Text selbst ja nichts aus. Daß man frühe Brandschichten in Boğazköy (vgl. etwa Boehmer 1989, 41) mit dieser Zerstörung in Verbindung gebracht hat, ist in methodischer Hinsicht nachvollziehbar. Wie man die auf diese Brandschichten folgenden Besiedlungsspuren deutet, also pro oder contra Hiatus, ist vom Text unabhängig.

den.[77] Einen direkten Beleg, etwa gar eine so zu interpretierende Aussage in einem der Texte Ḫattušilis oder eines seiner Nachfolger, gibt es jedoch nicht. Dagegen scheint sogar noch bei seinem Tod die Verbindung zu Kuššara nicht gänzlich aufgegeben worden zu sein, und der Telipinu-Erlaß wiederum schreibt eine Herrschaft in Ḫattuša explizit erst Muršili I., dem Nachfolger Ḫattušilis, zu (vgl. oben S. 20). Es ist also aus meiner Sicht letztlich nicht eindeutig zu entscheiden, ob der „Aufschwung“ Ḫattušas die Folge der Entscheidung Ḫattušilis war – man könnte m. E. ebenso annehmen, daß vielmehr die Tatsache, daß Ḫattuša sich zu einem wichtigen Zentrum innerhalb des Halysbogens entwickelte, Ḫattušili motiviert hat, sich gezielt gerade für diesen Ort als zukünftiges Machtzentrum zu entscheiden.[78] Wieweit u. U. noch andere (politische oder strategische) Gründe dazu geführt haben, läßt sich beim besten Willen nicht sagen, denn, eigentlich ja erstaunlicherweise, scheint das nie Thema in der schriftlichen Überlieferung gewe-

---

77 Schachner 2011, 80, nennt als Grund für diese Entscheidung „sicher“ die „strategisch günstige Lage“. Vgl. Schachner 2020, 401: „The conscious choice of the early Hittite rulers of this place as the seat of their dynasty is undisputed. However, this decision was made against the background of the overall political situation in Central Anatolia in the 17th century BC – probably because of the strategically secure location of the existing settlement.“ Es sei aber nochmals betont, was immer dazu geführt hat, daß mit Ḫattušili Ḫattuša zum Zentrum des Königtums seiner Nachfolger wurde, über die Gründe können wir m. E. nur spekulieren, dies gilt umso mehr, wenn es gerade keinen Besiedlungshiatus gab, da der archäologische Befund der Bau- bzw. Entwicklungsgeschichte der Stadt sich bisher nicht (!) kausal mit irgendeinem historischen Ereignis wirklich sicher verbinden läßt. Das gilt auch und gerade für die Zeit Ḫattušilis I. Wenn also jetzt Schachner 2024, 12, feststellt, daß sich der „politische Wechsel“ in der Stadt mit Ḫattušili I. eindeutig im archäologischen Befund widerspiegle, dies aber erst mit einer gewissen Verzögerung sichtbar würde, so wäre ich nach wie vor zurückhaltender, was die zeitlichen Zusammenhänge und speziell die kausalen Abhängigkeiten betrifft. Daß in dieser Phase der Geschichte, in die wir heute die Könige von Ḫuzzija „I.“ bis Ḫantili I. und weiter datieren, sich signifikante Veränderungen in der Stadt selbst beobachten lassen, ist freilich unbenommen.

78 In Ermangelung von Quellen läßt sich natürlich erst recht nichts über womöglich andere „weiche“ Faktoren, etwa religiöser, ideologischer Art o. a. m., sagen. Bereits für die ersten Jahrhunderte des 2. Jahrtausends geht A. Schachner davon aus, daß der „Erfolg“ der Stadt, der sich schon für diese Phase an einer komplexen Siedlungsstruktur ablesen lasse, weniger auf den ökonomischen Ressourcen des eigenen Umlandes, sondern mehr auf einer Funktion als Knotenpunkt in einem regen Warenaustausch beruhte; vgl. Schachner 2020, 408. Warum sollte das nicht auch später wieder der Fall gewesen sein, wenn sich die politischen Strukturen mit einem gewissen Abstand zum Ende der Handelskolonien wieder konsolidierten? So datieren etwa Barjamovic et al. 2012, 51 den Wiederaufbau bereits auf Ḫuzzija „I.“, also in etwa um 1700 oder sogar noch etwas davor, freilich weitgehend auf theoretische Überlegungen gestützt.

sen zu sein[79], obwohl man selbst Jahrhunderte später sich der Tatsache bewußt gewesen zu sein scheint, indem Ḫattušili III. wieder den Bezug von Ḫattušili I. zu Kuššara betont, daß es auch eine Geschichte des Königtums vor Ḫattuša gab.

79 Andererseits sind wir ebenfalls auf Spekulationen angewiesen, was Muwatalli II. dazu motiviert hat, sich von Ḫattuša nach Tarḫuntašša zu begeben und warum Muršili III. das rückgängig gemacht hat.

8 Historiographie vor Ḫattušili I.

Der chronologische Rahmen kann also nur eine relativ ungefähre zeitliche Orientierung bieten, innerhalb dessen wir nun versuchen können, die Hinweise zu historischen Ereignissen, die uns in erster Linie der Anitta- und der Zalpa-Text für die frühe „hethitische" Geschichte liefern, einzuordnen, d.h. in etwa in der Zeit zwischen 1725 und 1650, wenn wir damit Anitta einerseits und Ḫattušili I. andererseits verbinden, was in Bezug auf die genannten Jahreszahlen in etwa dem entspricht, was weitgehend akzeptiert ist. Man sollte aber immer im Hinterkopf behalten, daß der Abstand nur näherungsweise zu bestimmen ist und dementsprechend durchaus deutlich geringer, eventuell sogar auch größer ist, auch wenn letzteres aus verschiedenen Gründen eher weniger wahrscheinlich sein dürfte. Da bei einer so relativ kurzen Zeitspanne Abweichungen von einem Durchschnitt, d.h. extrem lange oder kurze Regierungszeiten, sich stärker auswirken, bleibt eine Generationenrechnung unsicher, es läßt sich also kaum sagen, wie viele Generationen möglicher Herrscher zwischen den beiden genannten liegen[80], falls sie Teil einer Erbfolgelinie wären.[81] Immerhin aber etwas, womit man arbeiten kann. Dementsprechend finden sich rezent in verschiedenen Arbeiten Vorschläge, wie man die beiden getrennten Überlieferungen, also die der *kārum*-Zeit mit der deutlich abnehmenden Zahl an Ib-Texten[82] und der frühen hethitischen Überlieferung mit historischen Informationen aus Ḫattuša zueinander in Beziehung setzen könnte.[83] So getrennt diese beiden Traditionen sind – oder jedenfalls bei un-

---

80 So geht z.B. Carruba 2003, 79–81 von drei Generationen aus, was gut möglich ist, aber sich bisher nicht wirklich bestätigen läßt.

81 Wofür aus meiner Sicht eher wenig spricht, doch finden sich entsprechende Überlegungen vielfach in der Literatur, die sich allerdings meist nur auf die Existenz des Anitta-Textes in den hethitischen „Archiven" berufen, z.B. Forlanini 2010, 130; Archi 2021, 256, was an sich eigentlich noch nicht viel besagt. Auch Anum-ḫirbe und sogar Sargon werden in hethitischen Texten erwähnt. Vgl. aber noch die relativ weitgehenden Spekulationen zu genealogischen Beziehungen etwa bei Kloekhorst 2019, 261 n. 1107; dazu noch unten n. 145.

82 Mit dem im Laufe der letzten Jahre immer geringer gewordenen Abstand zwischen *kārum* II und Ib ist natürlich auch der vermeintliche Bruch in der Texttradition zunehmend vager geworden. Rein theoretisch ist es durchaus denkbar, daß ein und derselbe Schreiber Texte in der einen wie der anderen Phase verfaßt hat.

83 In gewisser Weise betrifft dies naheliegenderweise ebenso die jüngst vor allem von A. Kloekhorst in verschiedenen Beiträgen vorgeschlagene „Umdatierung" einzelner Texte, speziell was deren Entstehung betrifft, wie etwa den Anitta-Text, und die These, einer deutlich früher als üblicherweise vertretenen Übernahme von Schrift wie sie jüngst von Kloekhorst und Waal 2019 (wieder) vorgeschlagen wurde. So positiv ich der letzteren These grundsätzlich gegenüberstehe, so wenig überzeugend fiel freilich m.E. deren Begründung aus; dazu ausführlicher Klinger 2022a,

 https://doi.org/10.1515/9783112223413-010

serem heutigen Stand zu sein scheinen – so überraschend ist, daß dies in der hethitischen Überlieferung tatsächlich so gar nicht der Fall ist.[84]

319–325. Ich gehe hier nicht weiter darauf ein, denn für die Frage der Interpretation der historischen Informationen ist die Entstehungszeit der Texte selbst in der Tat nicht entscheidend, jedenfalls, was den Anitta-Text betrifft, während sich die Situation beim Zalpa-Text, worauf ausführlich zurückzukommen sein wird, doch anders verhält. Was nun wiederum die gänzlich anders gelagerte These von Theo van den Hout einer angeblich erst viel später einsetzenden hethitisch(sprachig)en Überlieferung angeht, so ist dies ebenfalls von den relevanten Inhalten der Texte zu trennen – letztlich wäre es ja nicht entscheidend, ob die Information über ein bestimmtes Ereignis zunächst mündlich, in akkadischer Sprache oder doch in Hethitisch tradiert worden wäre, so wenig ich selbst gerade die ersten beiden genannten Möglichkeiten für plausibel halte.

84 Auf die m. E. doch erstaunlich vielfältigen Aspekte, ob in politischer oder in kultureller Hinsicht, die eher für eine Kontinuität sprechen, denn, wie früher oft, vor allem mit Blick auf das vermeintliche Einwanderungsszenario von „Indogermanen“, gedacht, für einen Bruch zwischen diesen beiden Phasen der Entwicklung Zentralanatoliens, wäre noch manches zu sagen. Noch weniger überraschend wäre das, wenn A. Kloekhorst recht hätte, daß vielmehr schon die unmittelbaren Vorgänger von Muršili I. alle noch in Kaneš/Neša regiert hätten und dann der „Hof“ erst unter Ḫattušili I. nach Ḫattuša verlagert worden wäre (Kloekhorst 2021, 564). Freilich gibt es dafür keinerlei Hinweise in den Quellen auf Kaneš, was Kloekhorst (2021, 564) wiederum so erklärt, daß das so allgemein bekannt gewesen sei, daß man es eben nicht habe extra erwähnen müssen; ein freilich aus meiner Sicht wenig überzeugendes Argument. Auf die Verbindung zu Kuššara geht er nur knapp in Kloekhorst 2019, 255–256 ein, sieht darin aber keinen Hinderungsgrund, dennoch an Kaneš als eigentlichem Sitz der frühen Könige festzuhalten, sondern schließt vielmehr daraus, daß Kuššara damit Teil des Herrschaftsbereiches von Kaneš gewesen sein müsse, was letztlich eine zirkuläre Argumentation ist, da dies für Kuššara ja nur dann bedeuten würde, zum Herrschaftsbereich von Kaneš zu gehören, wenn das Königtum dort säße, was ja erst zu zeigen wäre. Die These, daß Ḫuzzija „I.“ nach seinem Wiederaufbau von Ḫattuša vielmehr Kaneš erobert hat, was gleichbedeutend mit dem Ende der Schicht Ib dort gewesen sei (Barjamovic et al. 2012, 51), wird abgelehnt, weil sie seinen Thesen widerspreche; das kann man freilich mit guten Gründen auch genau umgekehrt sehen. Weiterhin findet sich bei Kloekhorst 2019, 249 sogar ein Datum für diesen Wiederaufbau, nämlich „around 1710–1705 BCE“ – allerdings gestützt auf eine Generationenrechnung, womit Ḫuzzija „I.“ dann „around 1710–1700 BCE“ den Thron bestiegen habe, was, wiederum nach Kloekhorst, sehr gut zum archäologischen Befund passen soll, für den er sich freilich hier auf die Angaben lediglich bei Beal 2003 stützt mit einem Zitat aus dem Jahre 1984. Außerdem wird, ausgehend von diesem weitgehend theoretischen Szenario, dann die These nicht nur eines Wiederaufbaus der Stadt, sondern deren weitgehende Neubesiedlung durch eine vorher nicht hier ansässige Bevölkerung postuliert, womit dann wiederum ein „language shift“ einhergegangen sei (Kloekhorst 2019, 250). Da aber weder das eine, nämlich daß der „Hof“ aus Kaneš nach Ḫattuša verlegt wurde, noch ein Bevölkerungsaustausch in irgendeiner Weise sich mit entsprechenden Quellenhinweisen oder etwa durch eine Veränderung im materiellen Befund belegen läßt, ja die inzwischen gut belegbare Siedlungskontinuität dem eher entgegensteht und letztlich dies für die hier interessierenden Fragen irrelevant ist, wollen wir darauf nicht weiter eingehen.

In diesem Beitrag kann es aber nicht darum gehen, die historischen Ereignisse und Entwicklungen der genannten Epoche, d.h. konventionell gesprochen der ersten Hälfte des 17. Jahrhunderts in Anatolien insgesamt zu rekonstruieren[85], sondern im Fokus steht hier zunächst die Frage, was sich aufgrund der neuen Ausgangssituation für eine Abfolge der Könige vor Ḫattušili I. ergibt, die offensichtlich in der hethitischen Überlieferung als Teil einer eigenen Tradition verstanden wurden und welche Rolle hier besonders einem König Ḫuzzija[86] zukommt, mit dem man in jüngerer Zeit üblicherweise diese Reihe ihren Anfang nehmen läßt. Um dies beantworten zu können, steht vor allem eine Quelle zur Verfügung, die zu den bemerkenswertesten frühen hethitischen Texten überhaupt gehört und dementsprechend bereits intensiv diskutiert wurde und zu der eine ganze Reihe teilweise recht unterschiedlicher Deutungsvorschläge existieren. Unschwer zu erraten sein dürfte, daß hier vom sogenannten Zalpa-Text die Rede ist. Eine umfassende Diskussion dieses Textes und seiner Implikationen ist hier aber nicht beabsichtigt.

Zu dem rezenten Vorschlag, diesen Text als Teil einer Gruppe von Tafeln zu bestimmen, die auf eine hethitische Überlieferungstradition zurückgehen soll, die vor dem Beginn der Schriftlichkeit in Ḫattuša bereits in Neša existiert habe, wurde andernorts schon einiges ausgeführt. Dem wäre hier nur hinzuzufügen, daß diese Untersuchung, wie das leider für einige andere gerade der jüngeren Zeit ebenso gilt, in methodischer Hinsicht problematisch ist. Und zwar vor allem deshalb, weil die verschiedenen Untersuchungsebenen nicht getrennt bleiben, d.h. etwa die Beurteilung formaler Charakteristika, paläographischer und sprachlich-orthographischer und schließlich inhaltlicher Aspekte, werden vielfach vermischt. Aufgrund des Inhaltes der Texte stehen der Anitta-Text[87] als das vermutlich älteste und der Zalpa-Text als eher das jüngste Beispiel für diese Gruppe, der dann wiederum aus rein inhaltlichen Überlegungen auf die Anfänge Ḫattušilis I. datiert wird[88],

85 Dies soll einer umfänglichen Untersuchung vorbehalten bleiben, deren erster Teil im Rahmen einer Monographie bereits weit fortgeschritten ist und voraussichtlich im kommenden Jahr in Druck gehen kann. Weitere Teile sollen dann in den nächsten Jahren folgen.

86 Es sei hier nur angemerkt, daß ich die sehr weitgehenden Thesen zur Rolle des Ḫuzzija, die sogar erste Feldzüge gegen Aleppo beinhalten (vgl. Forlanini 2010, 117 n. 17), nicht teile.

87 Die aktuell wohl überwiegend konsensuale Meinung der Forschung zu diesem Text knapp zusammengefaßt bei van den Hout 2020, 27–30; vgl. auch Wilhelmi 2016. Dem gegenüber halte ich den Text, so wie er uns heute vorliegt, für keine Kompilation aus verschiedenen Quellen, und auch die Skepsis hinsichtlich der Frage, wann die älteste uns zur Verfügung stehende Version geschrieben wurde, teile ich nicht (vgl. dazu noch n. 147). Paläographisch handelt es sich m.E. eindeutig um einen der ältesten Texte, die wir bisher kennen. Auf Weiteres kann hier nicht eingegangen werden; einiges an Literatur zur rezenteren Diskussion jetzt bei Archi 2021.

88 Diese Datierung ist, wie manches in dem Beitrag, nicht wirklich substantiiert, sondern beruht nur auf der Übernahme einer an sich schon eher unwahrscheinlichen Annahme gleich mehrerer

womit ältestes und jüngstes Beispiel also 50, eventuell fast 100 Jahre voneinander getrennt entstanden wären[89] – dennoch sollen sie eine einheitliche Gruppe bilden, die sich jedoch wiederum von den frühen Texten, die in Ḫattuša geschrieben wurden, trennen lassen sollen, obwohl diese damit, jedenfalls, was den Zalpa-Text angeht, sogar fast noch zeitgleich sein müßten, sich aber bemerkenswerterweise gerade in paläographischer Hinsicht von diesem vielmehr so unterscheiden, daß sie sogar eher etwas älter sein dürften.[90] Wie ein Vergleich mit anderen paläographisch früh zu datierenden Texten aus Ḫattuša aber zeigt, ist der behauptete Unterschied, sei es formal, sprachlich oder orthographisch, bei KBo 22.2 nicht gegeben und eine angebliche Neša-Schrifttradition[91] kann jedenfalls auf diesem Wege

Zalpa-Feldzüge, die vorauszusetzen notwendig ist, um die Datierung des Textes auf Ḫattušili I. überhaupt aufrechterhalten zu können – und was weder Kloekhorst und Waal 2019, noch Kloekhorst 2021 je kritisch hinterfragt haben.

89 Bei einem solchen Szenario, also einer hethitischsprachigen Schriftlichkeit schon in der Zeit des Anitta in Kaneš, müßten wir also damit rechnen, daß einerseits einige Schreiber weiter sich der altassyrischen Schriftvariante einschließlich der entsprechenden Sprache bedient hätten; und sozusagen Tür an Tür mit ihnen saßen dann andere Schreiber, die bereits auf Hethitisch Texte verfaßten, dafür aber eben nicht dieselbe altassyrische Schriftvariante nutzten, sondern auf eine einer späteren altbabylonischen Kursive nahestehenden Schriftvariante zurückgriffen, die zusätzlich eingeführt wurde. Was mögen die Gründe dafür gewesen sein? Konnte ein und derselbe Schreiber mal die altassyrische Schriftform, mal die altbabylonisch-hethitische anwenden; wurde mit der zweiten Schriftvariante auch der altbabylonische Dialekt übernommen, wie ja die späteren akkadischsprachigen Texte der hethitischen Kanzlei nahelegen; wann und warum wechselte man von dem einen in den anderen Dialekt oder gab es gar altassyrisch-hethitische Texte? Soweit ich sehe, bleiben all diese interessanten Fragen unbeantwortet. Zu dem ganzen Komplex vgl. jetzt noch Archi 2021.

90 Tatsächlich ist der Befund ja eigentlich relativ klar: die von Kloekhorst und Waal 2019 postulierte Gruppe ist alles andere als homogen in paläographischer Hinsicht, die Unterschiede zwischen KBo 22.2 und eben der Anitta-Text-Tafel KBo 3.22 sind vielmehr deutlich; daran ändern auch die leider wieder häufiger werdenden Äußerungen nichts wie zuletzt etwa von Bryce 2018, 219; Giusfredi 2019, 209 c. n. 1; van den Hout 2020, 28; Weeden 2022, 538–529; Gates 2022, 190, um hier nur einige rezente Beispiele zu nennen. Und andere Texte aus Ḫattuša wiederum sind paläographisch durchaus früher zu datieren als eben KBo 22.2, was ja auch von anderen schon so gesehen wurde.

91 Zudem müßte es dann dem Zufall der Überlieferung geschuldet sein, daß in Kaneš selbst weder ein archäologischer Hinweis für die dort angeblich existierende Residenz gleich mehrerer Generationen „hethitischer" Könige, noch auch nur das kleinste Zeugnis für die Produkte ihrer Kanzlei, die ja mehr als ein halbes Jahrhundert dann hier hätte ebenfalls tätig sein müssen, je gefunden wurde. Kloekhorst 2021, 564–567 diskutiert die archäologischen Befunde für das Ende der Besiedlung in Kaneš (Schicht Ia), kommt letztlich zu dem Urteil, der Befund sei „inconclusive" (Kloekhorst 2021, 567), sowohl was die Datierung als auch die Interpretation der Befunde (Zerstörungsschicht, eventuelles bewußtes Verlassen unter Mitnahme von Inventaren vor der Zerstörung u. a. m.) angeht, bevor er zu dem Ergebnis kommt, daß es jedenfalls keine Gründe gäbe,

nicht nachgewiesen werden, so daß am Ende alles letztlich auf mehr oder weniger plausiblen Spekulationen beruht, die sich am Inhalt der Texte orientieren und gerade nicht an ihren formalen Eigenschaften.[92]

Trotz dieser ganz unterschiedlichen Vorschläge noch in jüngster Zeit hat sich also aus meiner Sicht nichts daran geändert, daß die Datierung des Textes bzw. seiner Entstehung im Wesentlichen sich auf eine Interpretation des Inhaltes stützen muß, da die Paläographie bestenfalls einen *terminus ante quem* liefern kann, und der liegt eben sicher nicht am Beginn der hethitischen Überlieferung aus Ḫattuša.[93] Und da, allenfalls mit einer Ausnahme, die berichteten Ereignisse selbst anderweitig nicht dokumentiert sind, so kann sich eine solche Datierung allein auf die Identifikation der Hauptakteure, also der verschiedenen „Generationen" von Königen stützen, die der Text nennt, dabei aber deren Eigennamen ver-

die gegen seine These sprächen, daß Kaneš die Residenz von Ḫattušili I. und seiner Vorgänger gewesen sei. In der Tat, der „Auszug" aus der Stadt muß dann wirklich sehr sorgfältig vollzogen worden sein, nicht einmal das kleinste Bruchstück einer Tafel aus mindestens drei Generationen schreiberlicher Aktivität blieb zurück, von anderen Zeugnissen der materiellen Kultur gar nicht zu reden. Zu einer ganz anderen Sicht der Dinge s. nur van den Hout 2020, 31, 36, die ich in dieser Form bekanntlich allerdings so nicht teile.

92 Daß ich die Argumentation in Kloekhorst 2020, der versucht, Anitta zum „Autor" der „Palastchronik" (CTH 8) zu erklären, für ebenso wenig plausibel halte, wird nicht überraschen. Ich erspare mir eine ausführliche Diskussion, aber nur so viel: daß narrative Texte aus den Anfängen der Überlieferung aus den Sammlungen von Ḫattuša, die *ABI* LUGAL nennen, ganz überwiegend auf Muršili I. zu datieren sind, hat sich inzwischen sogar eher noch mehr bestätigt, und Anitta nennt in seinem Text seinen Vater nie so; der Versuch, die Rolle von Ḫattuša herunterzuspielen, ist wenig plausibel; daß sich der „Vater des Königs" ausgerechnet in Kuššara befindet, paßt bestens zu Ḫattušili; und schließlich ist das Argument mit der Kissenform der Tafel in der Sache obsolet – so sehe ich also kein Argument bei Kloekhorst, von der Paläographie mal ganz abgesehen, das auch nur annähernd Bestand hat. Aber das mögen andere anders sehen.

93 Was ja letztlich bei Kloekhorst und Waal 2019, 196–197 und Kloekhorst 2021, 564 c. n. 25 Ausgangspunkt dafür ist, d. h. für eine Datierung in die Anfänge der Regierung Ḫattušilis I., ist die Interpretation von R. Beal, die Intention für die Abfassung des Zalpa-Textes sei gewesen, „as a prelude to a new Hittite campaign against Zalpa" zu fungieren (Beal 2003, 24). Warum allerdings eine generationenübergreifende Erzählung notwendig gewesen sei, den erneuten (!) Angriff auf eine Stadt vorzubereiten, gegen die man nicht erst einmal Krieg – und dies ja gerade erst angeblich sehr erfolgreich – geführt hat, bleibt dabei offen. Ganz abgesehen von der Problematik, daß dieser neuerliche Feldzug ja nur deshalb postuliert werden muß, damit die im Zalpa-Text zum Abschluß genannte Zerstörung der Stadt auf Labarna datiert werden kann und nicht mit dem Feldzug aus den Ḫattušili-Annalen identisch sein darf. Da böte sich doch eventuell eine weniger voraussetzungsreiche Interpretation an. Archi 2021, 259–260 scheint dagegen einerseits davon auszugehen, daß es Ḫattušili gewesen sei, der gegen Zalpa zog, andererseits übernimmt er die Identifikationen von Beal, was so ja nicht zusammenpaßt, denn nach Beal ist Ḫattušili ja nicht identisch mit dem „alten König" (die Zitatangabe bei Archi 2021, 259–260 ist freilich ebenso zu korrigieren (nicht „197 n.3". sondern „24 c. n. 64"), wie das Zitat selbst).

schweigend.[94] Auf dieses Problem wollen wir uns hier beschränken, abgesehen von einigen grundsätzlichen Bemerkungen.

In seinem insgesamt eher knapp gehaltenen Kommentar hatte H. Otten sich mit der Identifikation der Hauptakteure des Textes nur wenig aufgehalten. Ausgehend von der Rolle, die Ḫattuša spielt und vor dem Hintergrund der damaligen Annahme, daß eben Ḫattuša nach der Zerstörung Anittas und bis in die Zeit Ḫattušilis I. (weitgehend) eine unbesiedelte Ruine gewesen sei, legte er sich relativ eindeutig auf Ḫattušili als den „alten König" und dementsprechend Muršili I. als den „König" fest.[95] Weiterhin erwähnt er, daß der namenlose „Großvater des Königs" allenfalls mit Labarna zu identifizieren sein könnte, nennt aber weder den „Großvater" des Ḫattušili-Testamentes, noch stellt er weitergehende Überlegungen an. Zudem schreibt er die im selben Zusammenhang geschilderten früheren Ereignisse des Zalpa-Textes einem „Großvater des Königs" und einem „Vater des Königs" zu und erweckt so den Eindruck, daß die entsprechenden Angaben des Textes klarer sind, als es tatsächlich der Fall ist.[96] Ob bewußt oder unbewußt, jedenfalls wurde auf diese Weise eine Schwierigkeit des Textes umgangen, die bis heute zu unterschiedlichen Interpretationen geführt hat, was die Identifikation der genannten Personen mit historisch bezeugten betrifft. Eine Lösung für diese Schwierigkeit bot dann R. Beal in einem ausführlichen Beitrag, der nicht allein dem Zalpa-Text gewidmet war[97], sondern diesen neben anderen Quellen, so den als

---

94 Narrativ bzw. überlieferungsgeschichtlich eigentlich ein spannendes Phänomen, dem wir uns hier nicht weiter widmen wollen, das aber m. E. ebenfalls in die Richtung einer „Autorschaft" Muršilis I. deutet, was hier lediglich ohne weitere Begründung in den Raum gestellt sei.

95 Otten 1973, 62; alternativ wäre damit konsequenterweise eine chronologische Einordnung der geschilderten Ereignisse für ihn erst für die Zeit vor Pijušti möglich gewesen, was er aber plausiblerweise für unwahrscheinlich hielt. Warum das aber so ausgeschlossen sein sollte, zumal die ersten Jahrhunderte des 2. Jahrtausends offenbar durchaus eine Phase der immer wieder aufflammenden Auseinandersetzungen und Machtkämpfe der verschiedensten „Fürsten" oder (Klein-)Könige war, wird nicht näher begründet; vgl. noch Otten 1973, 62 n. 22 lediglich den Hinweis auf einen König Pamba von Ḫatti aus der Narām-Sin-Legende KBo 3.13, der ja, bei allen Zweifeln an seiner Historizität, eher dafür spricht als dagegen, daß es durchaus eine lange Tradition von Königen in Ḫattuša gegeben haben könnte.

96 Dazu Otten 1973, 62, wobei er konkret auf die entsprechenden Textstellen verweist, also „B Vs. 8'" und „B Vs. 20'", genauso, wie er es in seine eigene Übersetzung (Otten 1973, 9) übernommen hat. Tatsächlich hatte er an der ersten Textstelle die nötige Verdoppelung des *ABI*, also für „Großvater", nicht in die Lücke in der eckigen Klammer eingefügt, dagegen an der zweiten Stelle, an der das *ABI* LUGAL ŠU.G[I wohl doch sehr sicher ist, das „alt" in der Übersetzung ebenso weggelassen; d. h. dort steht tatsächlich nur „Vater des Königs", wie er es dann im Kommentar verwendet; das in der Übersetzung ausgelassene „alte" wird dort lediglich durch „..." angedeutet.

97 Beal 2003; nach seinen eigenen Ausführungen handelt es sich dabei um eine ausführliche Begründung seiner Rekonstruktion einer Königsliste (Beal 2003, 13), angefangen bei Pitḫana, die

historische Quellen ebenfalls uneinheitlich bewerteten Opferlisten für Mitglieder der Königsfamilie[98], nutzte, um zu einer umfassenden Rekonstruktion der Königsfolge aus den Anfängen der hethitischen Überlieferung zu kommen sowie eine mit Namen gefüllte genealogische Übersicht für diese viel diskutierte älteste Epoche zu erstellen, die in der hethitischen Überlieferung greifbar ist. Der Zuschreibung des Textes auf Hattušili I. sollten dann, wenn ich recht sehe, bis heute mehr oder weniger alle Autoren, die sich dazu äußerten, folgen.

er für seine Dissertation erstellt hatte; zu dieser Beal 1992, 560. In seinem Beitrag geht R. Beal auch wiederholt und sehr kritisch auf meine Vorschläge (Klinger 1996, 117–123) ein, die er in der Regel verwirft. Darauf wird hier noch ausführlicher eingegangen werden müssen, da, bei allem Scharfsinn der Beal'schen Argumentation, mir in der Tat manches von mir damals Vorgeschlagene keineswegs so klar widerlegt zu sein scheint.

98 Weniger für die Anfänge, sondern vor allem für die Frage der Königsfolge zwischen Telipinu und Šuppiluliuma I., also der Frage, ob es zwei Ḫantilis, Zidantas und Ḫuzzijas, und zwar in der Zeit vor und nach Telipinu gab, oder nur jeweils einen, spielten diese Listen eine zentrale Rolle und wurden viel erörtert, wobei sich schließlich besonders die Positionen von H. Otten (pro Verdoppelung) und H.G. Güterbock (contra) gegenüberstanden; vgl. den nicht ganz objektiven Überblick über diese Kontroverse bei Kammenhuber 1968, 34–43 sowie die dort noch nicht berücksichtigen Beiträge von Otten 1968 und Güterbock 1970. Daß Kammenhuber selbst diesen Listen keinerlei historiographische Relevanz zugebilligt habe, wie Gilan 2014, 85–86 mit Verweis auf Kammenhuber 1968, 41 meint, trifft so kaum zu; vielmehr will sie diese vor allem für die Diskussion der Vorgänger von Šuppiluliuma I. ausschließen, was aber wiederum mehr mit ihrer Position im Streit um die „Umdatierung" der (mittelhethitischen) Annalen Tutḫalijas und Arnuwandas zu tun hat, gegen die sie bekanntlich vor allem im Streit um die paläographische Datierung von Texten anargumentierte.

Daß die Listen insgesamt eher auf der Grundlage historischer Quellen später kompiliert worden wären, wie die zentrale These von A. Gilan lautet (Gilan 2014, 99), halte ich für wenig plausibel, gerade weil in ihnen keineswegs nur Könige und Königinnen genannt sind und ein (inhaltlicher) Bezug dieser Rituale zu CTH 610–611 m. E. nicht besteht. Und sollte sich bestätigen, daß es bereits mh. Textzeugen zu CTH 661 gibt, wäre die Überlieferungsgeschichte dieser Rituale erheblich komplizierter; aber darauf kann hier nicht weiter eingegangen werden.

9 Nochmals zur Frage der Datierung des Zalpa-Textes

Wir wollen versuchen, die Argumentation von R. Beal, der sich zunächst vor allem auf die genealogischen Angaben stützt[99] und erst in zweiter Linie die geschilderten Ereignisse versucht historisch einzuordnen, knapp zu rekapitulieren. Zunächst setzt er sich kritisch mit dem Vorschlag auseinander, in Ḫattušili I. den „alten König" und in Muršili I. den „König" zu sehen.[100] Zwar wäre es durchaus denkbar, daß der Tabarna, dessen Auslieferung gefordert wird, derselbe illoyale Königssohn ist, von dem Ḫattušili I. auch in seinem Testament berichtet, zumal ein Feldzug gegen Zalpa von Ḫattušili ebenfalls belegt sei, doch müsse man annehmen, daß Muršili zum Zeitpunkt des Todes noch ein Kind war, also nicht zusammen mit Ḫattušili einen Feldzug durchgeführt haben könne; allerdings wissen wir weder, wie alt Muršili tatsächlich war, als Ḫattušili starb, noch, wie alt ein designierter Thronfolger sein mußte, um seinen Vater auf Feldzügen begleiten zu können.[101]

99 Die wesentlichen Punkte bei Beal 2003, 22–23; hinzu kommen weitere Aspekte, die er im Lauf seines Beitrages behandelt, auf die dann noch verwiesen werden wird.

100 Nach Beal 2003, 22 c.n. 51 ein Vorschlag, den „many scholars" vertreten hätten, von denen er drei konkret nennt, ohne auf die jeweiligen Positionen oder Argumentationen näher einzugehen. So registriert er die oben erwähnten Ungenauigkeiten bei Otten nicht; Hoffner 1980, 291 bezieht sich wiederum nicht nur vor allem auf den Beitrag von Otten, sondern gibt diesen sogar noch in pointierterer Form wieder, indem er davon spricht, daß „three consecutive generations of anonymous kings having dealings in Zalpa", die als „Großvater des Königs", „Vater des Königs" und „König" bezeichnet werden würden, um dann „Vater" mit Ḫattušili und „König" mit Muršili gleichzusetzen. Es wird also der Fehler aus Ottens Übersetzung fortgeschrieben, was der Aussage des Textes widerspricht. Interessanterweise findet sich dagegen nur bei Soysal 1989, 139–140 die korrekte Angabe, daß im Text tatsächlich von „**ABU* LUGAL ŠU.GI" (so bei Soysal 1989, 140 zitiert) die Rede ist, was nun aber von O. Soysal mit „der Vater, der ehemalige König" übersetzt wird, was wohl kaum adäquat ist, aber womit er letztlich wieder in eine Aufzählung von drei Generationen mündet. Daß sich in Klinger 1996 eine doch sich gerade von diesen Lesarten unterscheidende, ausführlich begründete Interpretation findet, die sich dezidiert von der von Otten und Hoffner (Soysal 1989 war mir damals nicht zugänglich) favorisierten absetzt, wird bei Beal also nicht deutlich.

101 Beal 2003, 23: „one gets the impression that Muršili was just a child when Ḫattušili died". Wir verfügen über keinerlei konkrete Angaben, wie alt ein hethitischer Königssohn sein mußte, um seinen Vater aktiv zu unterstützen, jedenfalls traute Ḫattušili ihm die Thronfolge zu. Das erinnert z. B. an Muršili II., der ausführlich schildert, daß man ihn bei seiner Thronbesteigung ebenfalls als „Kind" bezeichnet habe – daß er das nicht war, sollte eine bittere Lektion für alle werden, die dachten, er wäre zu jung, um als König zu herrschen. Von Alexander dem Großen wissen wir z. B., daß er im Alter von 18 Jahren als Kommandeur der Reiterei bereits einen wichtigen Beitrag für den Sieg seines Vaters in der Schlacht von Chaironeia (338 v. Chr.) geleistet hat. D. h., daß er zu

https://doi.org/10.1515/9783112223413-011

Weiterhin geht Beal davon aus, daß der „alte König" nicht identisch sein könne mit dem „Großvater des Königs", noch, daß Ḫattušili der „alte König", der „Vater des alten Königs" dessen in Ungnade gefallener („disgraced") Vater und der „Großvater des Königs" der Großvater väterlicherseits von Muršili sein könne.[102] Da sonst in den frühen Texten, die man Muršili zuschreibt, er von Ḫattušili in aller Regel als von seinem „Vater" zu sprechen scheint, und dafür hat sich die Evidenz inzwischen sogar eher noch verstärkt, dann müsse man daraus schließen, daß der „Großvater des Königs", das wäre also Muršilis Großvater, ein bedeutender König gewesen sein müsse, aber genau dieses träfe ja auf Ḫattušilis Vater nicht zu – weshalb also diese Interpretationsvariante ausgeschlossen sei.[103] Die Frage ist aber, ob man, ange-

---

diesem Zeitpunkt bereits über Erfahrung und Akzeptanz verfügt hat, die er sich sicherlich erst erworben haben mußte. Beal stützt seine Annahme, daß Muršili noch zu jung gewesen sei, auf die Aussage im Testament (HAB II 42–45), daß er erst nach drei Jahren selbst in der Lage sei, ins Feld zu ziehen. Aber, wenn man der Rekonstruktion des Textes folgt, dann liegt die Betonung darauf, daß er dann allein die Verantwortung erst tragen soll (vgl. auch Beal 2003, 23 n 53: „will not be old enough to conduct the campaign himself" – entscheidend ist eben das „himself"), daß aber nichts dagegen spricht, daß er sich bereits an Feldzügen beteiligt. Daß, wie in Klinger 1996, 122 n. 166 erwähnt, ein Zusammenhang zwischen den im Testament erwähnten 3 Jahren, die man noch abwarten solle, bevor Muršili allein sich auf einen Feldzug begibt, und dem im Zalpa-Text genannten 3. Jahr, in dem der „König" losgezogen sei, bestehen könnte, hält Beal für unmöglich (Beal 2003, 23 n. 53 „is thus impossible"), wohl, weil schon davor von einem Feldzug des „Königs" die Rede sei. Freilich ist dem Text ja nicht zu entnehmen, ob er dies allein oder mit Unterstützung des „alten Königs" unternahm; auch in A Rs. 14' wird plötzlich wieder der „alte König" erwähnt, der offenbar bei der Belagerung von Zalpa vor Ort war, aber dennoch im ganzen vorhergehenden erhaltenen Text überhaupt nicht vorkommt! Aber selbstverständlich kann man die Meinung vertreten, die Nennung der Dreijahresfrist im Testament und die Tatsache, daß es im Zalpa-Text damit übereinstimmend heißt *INA* MU.III.KAM *pait* „im dritten Jahr zog der König los", habe nichts miteinander zu tun, obwohl ansonsten der Text nicht erkennen läßt, welche Rolle ausgerechnet hier eine solche Zeitangabe spielt, die ansonsten kontextlos bleibt.

102 So Beal 2003, 23; ich muß aber einräumen, daß sich mir das nicht gänzlich erschließt; warum sollten der „alte König" und der „Großvater des Königs" dieselbe Person sein; und warum kann der „Vater des alten Königs" nicht Ḫattušilis in Ungnade gefallener Vater sein – sieht man einmal davon ab, daß ja nirgends gesagt sei, daß er in Ungnade gefallen ist, sondern er muß ja nur nicht selbst als König geherrscht haben, wie ja meist aus der Tatsache geschlossen wird, daß Ḫattušili ihn jedenfalls im Zusammenhang mit einer Legitimation seiner Herrschaft nie erwähnt. Gerade daß der „Vater des alten Königs" ja nicht als König vorgesehen war, sondern daß ihm Ḫurma wohl zur Verwaltung anvertraut wurde, paßt doch eigentlich m. E. gut zu der offenbar nicht von Anfang an vorgesehenen Herrschaftsübernahme durch Ḫattušili.

103 Beal 2003, 23: „Therefore Muršili I can also be ruled out as the 'king' of the text." Dem ließe sich freilich entgegenhalten, daß in keinem der anderen auf Muršili datierten Texte er mit seinem Vater gemeinsam agiert, sondern dieser scheint inzwischen tot zu sein. Damit besteht nicht die Notwendigkeit, diesen als „alten König" anzusprechen, schon gar nicht, weil in keinem der Texte noch weitere Vorfahren genannt werden. Eine Verwechslung ist also ausgeschlossen, weil es

sichts der Abfolge „Großvater" – „Vater des alten Königs" – „alter König" wirklich zwingend annehmen muß, daß „Großvater" hier ausschließlich nur auf den „König" und nicht den „alten König" zu beziehen ist, auch wenn, das sei selbstverständlich konzediert, ein *„Großvater des *alten* Königs" eindeutiger wäre. Jedenfalls würden sich bei diesem Textverständnis eine ganze Reihe von Problemen gar nicht erst stellen.

Der alternative Interpretationsvorschlag geht also davon aus, daß Ḫattušili der „König" sein müsse. Da er aber sich auf seinen eigenen Vater nicht berufen konnte oder wollte, habe er seinen Vorgänger als den „alten König" bezeichnet, was damit übereinstimme, daß Ḫattušilis Großvater ebenfalls König gewesen sei. Für Beal liegt es nun nahe, diesen „alten König" mit Labarna zu identifizieren, der, als Gatte der Tawananna, erst durch Heirat in die Königsfamilie König geworden sei; dazu passe, daß sein Vater, also der „Vater des alten Königs", nicht Teil der Königsfamilie gewesen sei, aber immerhin Regent in Ḫurma.[104] Dieser Vorschlag hat allerdings Konsequenzen, die m. E. von den meisten, die diese Variante übernommen haben, nicht gesehen wurden. Zunächst würde das bedeuten, daß erklärungsbedürftig wird, warum Labarna überhaupt König wurde, da er ja „nur" Schwiegersohn und eben nicht eigentliches Mitglied der Königsfamilie war. Wurde er adoptiert, hat er sich des Thrones bemächtigt?[105] Weitere Konsequenz wäre, daß also ein Feldzug Ḫattušilis gegen Zalpa und dessen Konflikt mit einem potentiellen Thronfolger

keine zwei „Könige" gibt, die gleichzeitig handeln wie im Zalpa-Text. Und genau hier liegt auch m. E. der Schlüssel für das Verständnis der Angabe „Großvater des Königs" – darauf war in Klinger 1996, 118 Bezug genommen worden.

104 Beal 2003, 23 spricht von „non-royal"; da Beal explizit Labarna als „Onkel" Ḫattušilis bezeichnet, müßte er eine Generation älter sein als dieser, was allerdings die Frage aufwirft, wie dann dessen Vater, der „Vater des alten Königs" in dieser Hinsicht einzuordnen ist. Auf diese durchaus relevante Frage geht Beal jedoch nicht weiter ein. Im Zalpa Text findet sich keine Titelangabe für den „Vater des alten Königs", es ist auch nicht zu erwarten, daß er womöglich „König von Ḫurma" genannt wurde; üblicherweise verwenden hethitische Texte für solche als Vertreter des eigentlichen Königs in eroberten oder anhängigen Städten eingesetzten Vertreter, meist sind diese Prinzen, die einfach Angabe „Mann von ON", wie etwa Ḫattušili I. selbst „Mann von Kuššara" war. Freilich hat dies die Folge, daß der „Vater des alten Königs" eben nicht „König" war, sondern der Titel „alter König" sich wiederum anders als durch Abstammung legitimiert, denn der „Großvater des Königs" ist ja gerade nicht mit dem „alten König" verwandt, jedenfalls gilt dies für die meist präferierte Rekonstruktion so. Darauf wird noch zurückzukommen sein.

105 Auch auf diese Fragen geht Beal nicht weiter ein; die spätere Überlieferung scheint mit Labarna als König kein Problem gehabt zu haben; daß er kein „normaler" Thronfolger war, dafür fehlen ebenso jegliche Hinweise – und sollte ein Usurpator und Sohn eines „non-royal" Außenseiters ausgerechnet derjenige gewesen sein, dessen Name für die Hethiter zu einem Herrschertitel wurde?

Labarna[106], der durch das Testament belegt ist, also beides, sowohl der Feldzug gegen Zalpa, als auch der Konflikt mit einem T/Labarna zwar ebenfalls Gegenstand des Zalpa-Textes ist[107], daß man nun aber diese beiden Ereignisse sozusagen verdoppeln müßte, denn sie müßten sich demnach so oder ähnlich bereits unter Labarna ereignet haben, was offenbar als nicht weiter problematisch angesehen wird. Und als letzten historischen Punkt wird schließlich darauf verwiesen, daß die Annahme, Ḫattuša sei erst von Ḫattušili wiederbegründet worden, weder aus historischen[108], noch archäologischen Gründen zwingend sei, was zumindest hin-

106 Da Beal 2003, 24 annimmt, daß es unwahrscheinlich sei, daß er bereits als Kronprinz zwei potentielle Nachfolger, seinen Sohn Ḫuzzija und seinen Neffen Labarna, von der Thronfolge ausgeschlossen habe, geht er sogar soweit, es für denkbar zu halten, daß es noch einen weiteren Labarna gab, der ein Gegner Ḫattušilis war – also insgesamt deren drei. Wie sich der Tabarna, dessen Auslieferung zusammen mit Ḫappi vom „König" gefordert wird, dazu verhält, wäre überdies noch zu klären. Wäre der „König" Muršili, dann könnte es durchaus der abgesetzte Neffe aus dem Testament sein, wäre es Ḫattušili selbst, dann wäre das u.U. ebenso denkbar.

107 Beal 2003, 23 schreibt dazu: „there is no reason to believe that these are necessarily the events described in the Zalpa text". Beal 2003, 24 wird dann angenommen, daß Ḫattušili in seinen Annalen einfach nicht erwähnt habe, daß der Feldzug zusammen mit seinem Vorgänger erfolgt sei; da aber offenbar die Konflikte mit Zalpa über Generationen andauerten, gäbe es keinen Grund anzunehmen, daß sich unter Ḫattušili die Situation verbessert habe, ja, der Zalpa-Text könnte sogar als eine Art Vorbereitung eben dieses Feldzuges gedacht gewesen sein: „one wonders if the Zalpa text could not have been composed as a prelude to a new Hittite campaign against Zalpa". Es sei nur angemerkt, daß der letzte Satz im Zalpa-Text lautet: „und er vernichtete die Stadt" – dies kann dann aber kaum wörtlich gemeint sein, obwohl Beal ja großen Wert darauf legt, daß man den Text „wörtlich" (vgl. Beal 2003, 22 n. 51) nehme, wenn sie offenbar durch Ḫattušili ein zweites Mal erobert werden konnte. Warum sollte ein Text, in dem die Zerstörung einer Stadt als finales Ergebnis eines langen Konfliktes ausdrücklich genannt wird, dazu gedacht sein, einen neuerlichen Feldzug gegen eben diese Stadt vorzubereiten? S. dazu noch n. 93.

108 Nach Beal sei dem Zalpa-Text zu entnehmen, daß Ḫattuša schon in der Zeit des „Großvaters des Königs" der Ort gewesen sei, in dem der Friedensvertrag mit Zalpa geschlossen wurde und daß „the Hittites are called, [men] of Ḫattuša'" und verweist dabei (Beal 2003, 25 n. 68) einerseits auf Kempinski und Košak 1982, 99. Dort wird aber lediglich festgestellt, daß es keinen konkreten Hinweis darauf gebe, daß Ḫattušili die Stadt neu gegründet habe und sie schon mindestens unter dem „Großvater" das „center of the Hittite kingdom" gewesen sei, ohne dafür aber weitere Gründe anzugeben als den Zalpa-Text selbst. Sürenhagen 1998, 83 n. 39, versteht offenbar B Vs. 19' (entgegen z. B. Otten 1973, 9) so, daß tatsächlich Ḫattuša Ort des Friedensschlusses war, was aber eher unwahrscheinlich ist. Im Übrigen unterläuft ihm das oben schon thematisierte Mißverständnis, daß er den Text zwar, wie R. Beal, auf Ḫattušili I. datiert, dann aber den „Vater des Königs" auf eben diesen bezieht, was, wie wir gesehen haben, so nicht zutrifft. Seine Datierung auf Ḫattušili begründet er überraschenderweise damit, daß „Muršili I. keinen regierenden König zum Vater und Vorgänger hatte, sondern von seinem eigenen Großvater adoptiert worden war". Mit dieser Begründung dürfte auch keiner der Texte, in denen Muršili von Ḫattušili als „Vater des Königs" spricht auf eben diesen zu datieren sein, was offensichtlich nicht zutrifft.

sichtlich des archäologischen Befundes sich in der Tat so begründen läßt,[109] was aber für die Frage des „alten Königs" im Zalpa Text letztlich nicht entscheidend ist. In der Summe, das zeigt sich, wenn man diese Argumente hinterfragt, macht die von R. Beal favorisierte Interpretation, eine Datierung des Textes auf Ḫattušili I. und seine Gleichsetzung mit dem „König" des Zalpa-Textes, insbesondere in Hinsicht auf die Konsequenzen für eine historische Einordnung einiges an Zusatzannahmen erforderlich, mehr als dies bei der von ihm verworfenen Variante m. E. der Fall ist.

Wenn wir nochmals auf die Rekonstruktion der Abfolge der einzelnen Könige und ihre genealogischen Verhältnisse blicken, dann stellen wir fest, daß dieser Vorschlag noch ein weiteres Problem zur Folge hat. Wir haben gesehen, daß in einer ganzen Reihe der Beiträge, die die Abfolge der Könige im Zalpa-Text diskutieren, eine gewisse Unsicherheit besteht, was einerseits die tatsächliche Anzahl der Generationen betrifft, die hier für die Hauptakteure genannt sind bzw. andererseits, in welchem Verhältnis diese zueinander stehen. Der Grund hierfür sind die Angaben im Text selbst: am Beginn der Reihe steht eine Person, die als „Großvater des Königs" bezeichnet wird, und am Ende der „König" selbst. Damit scheint es zunächst, daß wir drei aufeinander folgende Generationen vor uns haben. Doch dem ist nicht so, denn zwischen diesen beiden, also dem Beginn und dem Ende der Reihe von Akteuren, die jeweils als „hethitische" Könige agieren, müssen eigentlich zwei weitere Personen untergebracht werden, die ihrerseits ebenfalls in einem Vater-Sohn-Verhältnis stehen, nämlich der „Vater des alten Königs" und eben der „alte König", die aber, folgt man der Rekonstruktion von Beal, was offenbar weitgehend unbeachtet blieb, sich eben nicht hier einreihen, so daß wir es eigentlich mit zwei Linien zu tun haben, die nebeneinander stehen und deren verwandtschaftliches Verhältnis letztlich unklar ist: einmal der „Großvater des Königs" und der „König" sowie der „Vaters des alten Königs" und der „alte König", beide Abfolgen sind nicht durch Abstammung miteinander verbunden, jedenfalls sagt der Text dazu nichts konkret.[110] Diese Verbindung wird vielmehr durch eine

---

109 So schon Klinger 1996, 122; dazu Beal 2003, 25 c. n. 68 u. 71.

110 Noch weiter geht Pecchioli Daddi 1994, 86; in modifizierter Form noch Gilan 2015, 210, der der Ansicht ist, daß der „alte König" vielmehr „ein unwichtiger Herrscher von lokaler Bedeutung" gewesen sei, was dann aber mit der Zerstörung von Zalpa durch diesen nur schwerlich vereinbar sein dürfte. Auch wenn dies schon länger zurückliegt, sei hier hinsichtlich des Arbeitsprinzips *lege artis* auf einen ärgerlichen Fall hingewiesen. Es kann einem Leser nicht verborgen bleiben, daß zwischen der Arbeit von Stipich 2012 und der Behandlung des Zalpa-Textes durch A. Gilan irritierende Parallelen bestehen (man vergleiche nur Stipich 2012, 699 mit Gilan 2015, 181, aber das gilt auch für weitere Details). Entgegen dem ersten Eindruck durch die Veröffentlichungsdaten kann aufgrund der Tatsache, daß sich etwa die genannte Passage bereits in der Version findet, die A. Gilan im Jahre 2009 als Dissertationsschrift eingereicht hat, m. E. kein Zweifel bestehen, daß

vermutete Adoption erst hergestellt – was aber, wie gesehen, eine Reihe von genealogischen Problemen mit sich bringt.

Daraus ergeben sich folgende zwei unterschiedliche Möglichkeiten: der „Großvater" übergibt dem „Vater des alten Königs" die Stadt Ḫurma; irgendwann, unklar ist sowohl das Wann als auch das Wie, übernimmt dessen Sohn dann die Königsherrschaft und ist als der „alte König" der eigentliche Herrscher, mit dem der „König" dann zusammen agiert.[111] Ausgehend von der hethitischen Herrschaftspraxis liegt es nahe, im Fall des „Vaters des alten Königs", dem Ḫurma übergeben wird, ein Beispiel für die typische Herrschaftspraxis zu sehen, daß ein Herrscher einem seiner Söhne eine Stadt oder eine Region zur Herrschaft überträgt, auch wenn dies nicht ausdrücklich im Text erwähnt wird oder jedenfalls nicht erhalten ist, daß es sich in diesem Falle ebenfalls um einen Sohn handelt. Der Kontext jedoch, nämlich daß direkt im Anschluß daran, die „Ältesten der Stadt Zalpa"[112] vom „Großvater" einen seiner Söhne fordern, der sie regieren soll, legt doch sehr nahe, daß es genau um diese Praxis geht, was also nahelegt, daß der „Vater des alten Königs" ebenfalls einer der Söhne des „Großvaters" war. Dies konsequent weitergedacht, bedeutet dann im Übrigen eindeutig, daß der „alte König" damit ein Enkel eben des „Großvaters" sein muß.[113] Das könnte zwar erklären, warum er überhaupt zur Herrschaft gelangt. Dann allerdings scheidet die Möglichkeit aus, in ihm Labarna I. zu sehen, der ja, so mit Beal und denen, die ihm gefolgt sind, eigentlich der „Onkel" von Ḫattušili I. sein müßte. Es bleibt also in Beals Rekonstruktion nur die Lösung anzunehmen, daß der „Vater des alten Königs" eben kein Sohn des „Großvaters des Königs" ist – dann freilich bleibt völlig unklar, warum ihm diese Ehre zu Teil wird und noch unklarer wird, wieso dann Labarna I. überhaupt

---

hier ein eklatanter Verstoß gegen die gute wissenschaftliche Praxis seitens B. Stipichs vorliegt, der ganz offensichtlich die Arbeit von A. Gilan in inakzeptabler Weise verwertete, ohne dies kenntlich zu machen.

111 Vgl. etwa de Martino 2022, 209, der annimmt, daß Labarna Verwalter („governor") von Ḫurma gewesen sei, in der Nachfolge seines Vaters, und daß es aufgrund der Bedeutung der Stadt deshalb plausibel sei („thus it is reasonable to assume"), daß er durch die Heirat mit einer Tochter des Königs selbst den Thron übernahm. Es lassen sich allerdings schwerlich andere Beispiele für eine solche Thronfolge namhaft machen; s. dazu noch sogleich n. 115.

112 Daß dies die „Ältesten" tun, ist ein m. E. bisher weitgehend vernachlässigtes Detail, das zeigt, wie wichtig zu allen Zeiten kollektive Herrschaftsformen waren; darauf werde ich in einem eigenen Beitrag an anderer Stelle ausführlich zurückkommen.

113 Oder nochmals anders formuliert: „König" und „alter König" müßten dann derselben Enkelgeneration als Nachfahren des „Großvaters des Königs" angehören, was offensichtlich problematisch ist.

Nachfolger des „Großvaters“ werden konnte.[114] Außerdem muß, damit sich das Schema durchhalten läßt, jetzt zusätzlich angenommen werden, daß Labarna nur durch die Einheirat in die Königsfamilie an die Macht gelangt ist, was bekanntlich den hethitischen Gepflogenheiten eigentlich widerspricht[115], wenn man nicht überhaupt davon ausgehen will, daß er ein Usurpator war. Hinzu kommt aber noch das viel gravierendere Problem, daß zumindest der Labarna, der von Ḫattušilis Großvater zur Herrschaft bestimmt wurde, ausdrücklich als dessen Sohn bezeichnet wird. Da es wohl wenig plausibel ist, zu den diskutierten verschiedenen Labarnas noch einen weiteren zu postulieren[116], das wäre dann ja ein weiterer Sohn Labarna des Großvaters, der zwar zur Herrschaft bestimmt war, an dessen Stelle dann aber ein anderer Labarna, dessen Vater selbst nicht König war, sondern in Ḫurma herrschte, dann durch Heirat mit der Tochter des Großvaters die Macht übernahm.[117] Bliebe noch als alternative Erklärung, daß der „Sohn“ Labarna im

---

114 Das Dilemma veranschaulichen auch die beiden Stammbaum-Varianten, die Beal seinem Beitrag mitgegeben hat (Beal 2003, 34–35). In Variante A „schwebt“ der „Vater des alten Königs“ ohne jede Beziehung neben dem Stammbaum, in Variante B verbinden ihn zwei Abstammungslinien, eine mit dem „Vater des alten Königs“, eine mit dem „Großvater“, wobei der Vater Ḫattušilis scheinbar einer von mehreren Brüdern des Labarna gewesen sein soll. Auch für die Rekonstruktion der historischen Ereignisse bleibt dies nicht ohne Folgen; vgl. dazu Beal 2003, 25–26 bzw. 31 mit dem Versuch, ein „possible scenario“ für die Vorgänge zu entwerfen, die zur Herrschaftsübernahme Ḫattušilis, der ja der „son of a loser“ gewesen sei, geführt haben könnte.

115 Natürlich könnte man hier auf Telipinu I. als Gegenbeispiel verweisen; aber eigentlich bestätigt genau dieses Beispiel vielmehr, wie ungewöhnlich diese Lösung ist, denn es bedarf einer außergewöhnlichen Regel, und das ist der entscheidende Punkt an der vieldiskutierten Thronfolgeordnung des Telipinu in seinem Erlaß, die eben genau auf ihn zugeschnitten ist, daß nämlich nur dann, wenn kein männlicher Nachkomme eines Königs mehr vorhanden ist, jemand den Thron besteigen kann, der sich „nur“ durch die Heirat mit einer Königstochter legitimiert. Und dies ist genau die auf Telipinu selbst zugeschnittene Sonderregelung, die, wie z. B. spätere Regelungen über Thronfolge bestätigen, nie wieder aufgegriffen wird. Entscheidend ist immer, daß der, der den Thron übernimmt, selbst von einem König abstammt. In unserem Falle, bei Labarna I., müßte das ja auch bedeuten, daß der „Großvater“ keine männlichen Nachkommen mehr gehabt hätte – doch der Text selbst besagt ja klar, daß dies nicht zutrifft, sondern er über mindestens einen weiteren Sohn verfügte.

116 Bei Beal 2003, 24 werden schon drei genannt, darunter der Labarna, der der Gatte der Tawananna war (Beal 2003, 24 c. n. 59), der aber, nach Beals Rekonstruktion, eben nicht identisch sein kann mit dem Labarna, der im Zusammenhang mit dem „Großvater“ im Ḫattušili-Testament (HAB III 42) genannt ist.

117 So geht etwa z. B. auch de Martino 2022, 209 davon aus, daß nicht etwa ein Sohn des „Großvaters“ diesem nachgefolgt sei, sondern Labarna (I.), der Herrscher („ruler“) in Ḫurma gewesen sei. Allerdings wissen wir nicht, ob dieser Labarna je wirklich in Ḫurma geherrscht hat (vgl. aber noch Martino 2022, 211), das wird nirgends bezeugt, und die Erwähnung eines Labarna, der eben doch Sohn des Großvaters nach dem Testament war, wird an dieser Stelle nicht be-

Testament nur adoptiert wurde[118], was dann allerdings wieder bedeuten müßte, daß er mit seiner „Schwester" verheiratet war und daß ein und dieselbe Person, offiziell als „Sohn" des Großvaters von Ḫattušili in seinem Testament, im Zalpa-Text aber dann mit seinem wirklichen Vater, dem „Herrscher" von Ḫurma, erscheint, was ebenfalls nicht besonders überzeugend klingt. Eine ausführlichere Diskussion der Problematik hätte man sich schon gewünscht, denn letztlich hängt für Beals Datierung des Zalpa-Textes von genau dieser Stelle eminent viel ab.[119] Doch kommt er darauf nicht mehr zurück, vielmehr wird im Folgenden vorausgesetzt, daß Labarna I. eben nicht der Sohn des Großvaters von Ḫattušili sein könne mit der offenbar für unproblematisch gehaltenen Konstruktion, daß damit Labarna Adoptivsohn und Schwiegersohn gleichzeitig war. Wurde er erst adoptiert und hat dann seine Schwester geheiratet, um die Herrschaft antreten zu können, oder umgekehrt?[120] Und wenn ihn dann die gesamte Überlieferung dennoch als legitimen „Sohn" und Nachfolger seines „Vaters" angesehen hat, warum nennt sich dann Ḫattušili „Brudersohn der Tawananna" und nicht „Brudersohn des Labarna", denn diese wären ja Bruder und Schwester seines Vaters gewesen? Es sei noch der Hinweis erlaubt, daß die meisten Übersetzungen nicht in Frage stellen, daß in HAB III 42 der „Sohn Labarna"[121] zur Herrschaft bestimmt wird, dennoch wird überwiegend der Eindruck erweckt, es sei gesichert, daß Labarna I. eben nicht Sohn und Thronfolger eines legitimen Königs gewesen sei.[122]

---

rücksichtigt. Weeden 2022, 543 läßt die Frage offen: „In his bilingual *Testament* we learn that his predecessor Labarna had been chosen as king in Sanahuitta by Hattusili's grandfather."

118 Beal geht auf das Problem nicht weiter ein, scheint aber eine Adoption für denkbar zu halten; vgl. seine Übersetzung der fraglichen Textstelle mit „My grandfather recognized(?) his son T/Labarna as heir in Šanaḫuitta (or: My grandfather adopted(?) T/Labarna (as) his son in Šanaḫuitta)." (Beal 2003, 14 c. n. 7; die Annahme, daß es hier eher um eine Ernennung zum Sohn gehen könnte, so schon bei Bryce 1981, 12, dagegen wiederum bei Beckman 1986, 21 n. 42).

119 Schon Riemschneider 1971, 99–100 hat die Schwierigkeiten, die sich hier aus einer Adoption und einer dann anzunehmenden Geschwisterehe ergeben, diskutiert und dann allerdings versucht, dies mit dem Postulat einer matrilinearen Erbfolge zu beheben.

120 Sollte man die von R. Beal ja nur fragend in Erwägung gezogene Übersetzung „adopted(?)" akzeptieren, dann entfiele damit übrigens auch die Notwendigkeit, davon auszugehen, daß Tawananna eine Königstochter war – mit wiederum diversen Folgen für die bisherige Rekonstruktion, einschließlich der Stellung von Ḫattušili selbst.

121 Nur einige Beispiele: z. B. Sürenhagen 1998, 81; Beckman 2000, 81; HW^2 IV 2014, 193; Gilan 2015, 80; vgl. noch Pringle 1993, 391, 584, 601.

122 Auf die Problematik des hier belegten Verbums *iškunaḫḫ-* muß hier nicht weiter eingegangen werden, da für unsere Frage die Filiation entscheidend ist, nicht, was mit Labarna eigentlich geschieht. Jedenfalls hat Beal 2003, 14 n. 7 meinen alternativen Vorschlag (Klinger 1996, 14 n. 7) verworfen, ohne dabei darauf einzugehen, daß z. B. Puhvel 1984, 426–428 aus ganz anderen, nämlich primär sprachlich-etymologischen Gründen, diese durchaus stützen könnte,

Bliebe noch zu fragen, was das für die mögliche Herkunft von Ḫattušili selbst bedeutet, die ja ebenfalls nicht wirklich klar ist, abgesehen davon, daß zumindest sein Großvater König gewesen zu sein scheint.[123] Darüber hinaus verfügen wir noch über die allerdings recht vage Stelle aus dem Text über die Belagerung von Uršu, die mit einiger Plausibilität ebenfalls auf Ḫattušili zu beziehen sein könnte[124], sowie die weit mehr diskutierte Phrase, mit der er seine Herkunft in seinen Annalen beschreibt und die ganz unterschiedliche Interpretationen erfahren hat.[125] Auffallend ist bei dem letzteren Beispiel, daß Ḫattušili seine Herkunft über die Person der Königin, die Tawananna, und nicht, wie man es erwarten sollte, über den König, eben Labarna I., herleitet. Man hat dies, wie wir gesehen haben, damit zu begründen versucht, daß Labarna eben eigentlich kein Nachkomme des vorhergehenden Königs, des „Großvaters" war, sondern durch Heirat auf den Thron gekommen sei oder aber, daß es schlicht zwei unterschiedliche Labarnas gegeben habe. Dies ist aber, wie wir gesehen haben, durchaus problematisch – außerdem läßt die Überlieferung, abgesehen eben von Ḫattušilis eigenen Quellen, kaum einen Zweifel daran, daß die Herrschaft des Labarna erfolgreich und allgemein akzeptiert wurde.[126] Aber ganz unabhängig von Stellung und der Akzeptanz des Labarna: wäre denn Ḫattušili überhaupt dazu in der Lage gewesen, d.h. in welchem Ver-

während etwa HW² IV, 193a bei dem herkömmlichen „designieren" bleibt. Die unter *išḫ/kunaḫḫ-* und *išḫ/kuna(i)-* gebuchten Belege (Puhvel 1984, 192–194) scheinen mir aber durchaus Argumente zu liefern, daß mit diesem Verbum etwas eher negativ Konnotiertes gemeint sein könnte, was weder zur Adoption, noch zur Designierung zum Thronfolger passen würde.

123 So eindeutig nach HAB; vgl. etwa de Martino 2022, 209, der nur die Beziehung zum Großvater erwähnt und daß er kein Nachkomme Labarnas gewesen sei.

124 CTH 7: KBo 1.11 Rs. 34, mit der so ähnlich immer wieder in Texten hethitischer Könige vorkommenden Phrase, daß man „das Wort des Vaters" nicht verworfen habe, wobei eben hier vom „Wort des Vaters (und) Großvaters" die Rede ist (vgl. Beckman 1995, 26: „Have I forsaken the word of my father <and> the word of my grandfather?"). Das impliziert aber nicht, daß beide wirklich König waren; immerhin fällt die Erwähnung des Großvaters hier auf. Gilan 2015, 293 meint allerdings, KBo 1.11 sei ein „fiktionaler Text" und ein Beispiel für „subversive Unterhaltungsliteratur", wie adäquat eine solche Charakterisierung für den Beginn der späten Bronzezeit auch sein mag.

125 Vgl. etwa Sürenhagen 1998, mit freilich sehr weitreichenden Spekulationen.

126 Es sei hier nur nochmals auf die Titeltradition und den Telipinu-Erlaß verwiesen. Kann man vielleicht sogar so weit gehen und, im Lichte dessen, was wir oben (vgl. n. 37) bereits über die u.E. durchaus absichtsvollen subtilen Varianten bei der Schilderung der Epochen der ersten Könige erwähnt haben, die auffallende Formulierung, die sich nur bei Labarna findet, „er war Großkönig" (CTH 19: KBo 3.1 I 2), statt „er herrschte als König", so verstehen, daß es eben dieser Labarna war, der den Großkönigstitel erwarb? Denn nicht ein jeder König durfte sich bekanntlich als Großkönig bezeichnen, und wir wissen nicht, wie die Tradition dieses Titels seit dem Ende der altassyrischen Quellen bis zum Einsetzen der hethitischen Texte sich entwickelte.

hältnis stand er denn zu Labarna verwandtschaftlich gesehen? Doch dieses weite Feld an Spekulationen wollen wir hier gar nicht erst betreten – wir halten nur noch fest, daß eine Datierung des Zalpa-Textes, wie sie in überwiegender Weise zuletzt vertreten wurde, impliziert, daß in dem Text Ḫattušili davon berichtet, wie er als „König" neben Labarna, dem „alten König", diesen bei Taten begleitet, die er später selbst nochmals wiederholt, z. B. die Zerstörung Zalpas, auf den er sich dann aber später zur Legitimation seiner Herrschaft nicht mehr beruft – oder aber er selbst ist der „alte König", mit einer entsprechenden Datierung des Textes, und es erübrigen sich so manche komplizierte Konstruktionen.[127] Dabei wollen wir es belassen und uns abschließend noch einem ganz anderen Aspekt zuwenden, der sich durch eine jüngst gelungene Erweiterung des Textes in einem interessanten neuen Licht darstellt.

Seit einiger Zeit ist es üblich geworden, die Reihe der hethitischen Könige noch weiter in die Vergangenheit zu verlängern. Unterschiedliche Vorschläge wurden hierfür gemacht, die wir im Einzelnen nicht diskutieren wollen.[128] Auslöser war hier vor allem das ungewöhnliche Siegel Muršilis II.[129], das mit seinen genealogischen Angaben weit über das hinausgeht, was selbst die spätesten hethitischen Texte bieten und dabei zusätzlich noch von der später üblichen Praxis abweicht, die Reihenfolge mit einen namensgleichen Vorgänger beginnen zu lassen,[130] sondern diese über die eigenen unmittelbaren Vorgänger zusätzlich in einem weiten Rückgriff nicht nur bis zu eben einem namensgleichen Vorgänger, in diesem Fall also bis Muršili I., zurückzuführen, sondern sogar noch dessen weitere Vorgänger

---

127 Wollte man dies hier weiterverfolgen, müßte man besonders noch auf die Texte eingehen, die eine „Königin" (?) in Verbindung wiederum mit Ḫur(u)ma nennen, eine noch nicht wirklich geklärte Episode ebenfalls aus der Frühzeit des hethitischen Königtums. Wie sich jetzt gezeigt hat, spielt in diesem Zusammenhang wiederum Ḫattušili als „Vater des Königs" eine wichtige Rolle (KBo 3.28), d. h. auch dieser Text stellt jetzt eine Verbindung zwischen Ḫurma und Ḫattušili her und fügt sich damit zu der hier vorgeschlagenen Interpretation des Zalpa-Textes, bei der der „Vater des alten Königs", dem Ḫurma übergeben wird, Vater Ḫattušilis und nicht Labarnas war. Die wesentliche Erweiterung der „Edikte" KBo 3.27 und KBo 3.28, die tatsächlich Teile eines Textes sind, der wiederum jetzt sicher auf Muršili I. datiert werden kann, ist Jared Miller zu verdanken, dem ich ganz herzlich dafür verbunden bin, daß er mir das Manuskript seiner geplanten Veröffentlichung vorab zur Verfügung gestellt hat (Miller i. Vb.). Die sich daraus ergebenden wichtigen neuen Einsichten werden ganz sicher noch Anlaß zu weiteren Erörterungen und Interpretationen liefern, denen hier aber nicht vorgegriffen werden kann und soll. Zur Rolle von Ḫurma vgl. noch die Überlegungen von Martínez 2016, die jedoch schwerlich belegbar sind.

128 Zu nennen wären hier etwa Beal 2003, bes. 31–33, und Forlanini 2007 und 2010.

129 Dinçol et al. 1993.

130 Man könnte hier in Anlehnung an ein Konzept von Hans Blumenberg an Präfiguration denken; vgl. dazu vorerst Klinger 2017.

aufzuzählen.[131] Auf der Seite, die der Nennung von Muršili II. im Zentrum gegenüberliegt, befindet sich überraschenderweise Šuppiluliuma I. im Zentrum[132], auf den Flügeln aber nun eine Reihung, die, mit dem jüngsten beginnend, bei eben Muršili I. einsetzt und die Linie weiter zurückführt mit Ḫattušili, Labarna und wohl zusätzlich einem Ḫuzzija.[133]

131 Am weitesten zurück reichen sonst nur die Genealogien Ḫattušilis III., der Ḫattušili I., den „Mann von Kuššara", erwähnt, während Tutḫalija IV. und Šuppiluliuma II. historisch nicht so weit zurückgehen; ein weiteres Beispiel, das dem Muršilis folgen würde, gibt es jedenfalls bisher nicht.
132 Die Beziehung beider Seiten wird also wieder „genealogisch" hergestellt, indem Muršili II., wie in seinen Texten, seinen Vater nennt und eben nicht Arnuwanda II., der ihm in der Regierung vorangeht. Nur am Rande sei angemerkt, daß ein Ḫattušili „II." ebenfalls keinen Platz zu haben scheint. Mit Muršili I. wiederum greift er seinen namensgleichen Vorgänger auf, etabliert hier also das Prinzip, das seine Nachfolger übernehmen werden. In der Verbindung von Genealogie (Vater Šuppiluliuma I.) und Präfiguration (Muršili I.) erweist sich dies insgesamt als eine in der Tat ausgesprochen subtile Legitimationsstrategie. Einen guten Überblick über die bisherige Diskussion bietet jetzt Campbell 2022.
133 Wir sind darauf schon oben in S. 23 näher eingegangen.

10 Ein Ḫuzzija oder mehrere?

Der Name Ḫuzzija ist in der älteren hethitischen Geschichte gut bezeugt; mindestens zwei Könige trugen ihn, doch fehlen weitere Informationen über ihre Regierungszeit weitestgehend bzw. gänzlich. Wir wissen zwar zu wenig über die Weise, wie die Könige zu ihren Namen kommen, doch spricht die geringe Zahl verschiedener und die Tendenz bestimmte Namen zu gebrauchen, dafür, daß sich dahinter ein Konzept verbirgt, das auf Tradition setzt. Insofern ist es nicht völlig überraschend, daß dieser Name für einen weiteren König in einer noch früheren Epoche auftritt.[134] Die Vorschläge, ihn in die Königsliste einzuordnen, variierten[135], doch setzte sich relativ schnell der Vorschlag durch[136], eben diesen mit dem bisher namenlosen „Großvater" gleichzusetzen, den Ḫattušili in seinem Testament erwähnt und der ebenso mit dem „Großvater des Königs" im Zalpa-Text identisch sein soll.[137] Theoretisch denkbar bleibt natürlich, daß mit Ḫuzzija hier noch weiter in die Vergangenheit zurückgegriffen wird und er nicht unmittelbarer Vorgänger von Labarna I. war, doch wäre das dann die einzige Ausnahme bei den Aufzählungen in den Flügeln des Siegels. Eine direkte Abfolge ist also naheliegend, wenn es sich nicht um einen namensgleichen „fernen" Vorfahren handelt, was andererseits bedeutet, daß selbst nach „hethitischer" Vorstellung hier nicht ein absoluter Beginn mitgedacht sein muß, also etwa in dem Sinne, daß man in Ḫuzzija den Begründer der eigenen Königstradition gesehen habe, falls so eine Idee überhaupt in irgendeiner Form existierte.[138]

Vor diesem Hintergrund verdient eine kleine Erweiterung des Materials zum Zalpa-Text nun doch ein besonderes Interesse, obwohl das Verständnis des Textes

134 Der Name selbst ist schon altassyrisch bezeugt; vgl. Kloekhorst 2019, 140 c.n. 649, wobei besonders interessant der Beleg ist (kt a/k 906, 21), der eventuell eine hethitische Nominativendung aufweist.

135 So ordnete R. Beal (vgl. die Übersichten Beal 2003, 34–35) gleich mehrere weitere potentielle Könige zwischen diesem Ḫuzzia und Labarna I. bzw. Ḫattušili I. ein, doch erscheint das schon aus chronologischen Gründen wenig plausibel.

136 Ausführlicher Forlanini 2010, 116 c. n. 10 (mit Bezug auf die Diskussion bei Beal 2003, 31); seitdem weitgehend der Konsens; es sei hier nur auf die Handbuchbeiträge von Weeden 2022, 541–542 und de Martino 2022, 211 verwiesen.

137 Vgl. schon Dinçol et al. 1993, 106; für die weitere Diskussion sei hier nur de Martino 2016, 19–20 genannt.

138 Es hat ja vor allem eine gewisse forschungsgeschichtliche Tradition in der Hethitologie diese Anfänge eher bei Pitḫana und Anitta zu sehen, während etwa ein Pijušti von Hatti, von dem ominösen König Pamba (Wilhelm 2003–2005, 293) gar nicht erst zu reden, wiederum keine Rolle gespielt zu haben scheint.

 https://doi.org/10.1515/9783112223413-012

an sich dadurch nicht wesentlich erweitert wird.[139] Im Abschnitt, in dem die Auseinandersetzungen mit einem Ḫappi, vermutlich einem Prinzen, der gegen seinen Vater opponiert, geschildert wird, scheint nun auch der Name Ḫuzzija erwähnt zu sein[140], doch bleibt der genaue Kontext weiter relativ unsicher. Der Gedanke, daß es sich bei diesem Ḫuzzija in der Tat nun um den „neuen" König Ḫuzzija „I." handeln könnte, liegt in der Tat zunächst nahe.[141] Was dagegen sprechen könnte, ist allerdings, daß das Eigentümliche des Textes ja gerade darauf beruht, zwar eine ganze Reihe der auftretenden Personen konkret namentlich zu nennen, daß aber genau das bei den zentralen Akteuren unterbleibt – weder ein „Großvater des Königs" ein „Vater des alten Königs", ein „alter König" oder ein „König" werden, jedenfalls in den erhaltenen Textpassagen, mit ihrem Namen genannt. Die einzige Ausnahme wäre also hier Ḫuzzija als der „Großvater des Königs", und das nicht etwa da, wo er zuerst im Text erscheint, sondern in einer deutlich späteren Passage[142], was selbstverständlich kein Beweis gegen diese These darstellt, aber doch zumindest eigenwillig wäre.

So viel Anlaß dieser Textzuwachs zu unterschiedlichsten Spekulationen geben könnte, wir wollen uns stattdessen vielmehr der Frage zuwenden, woher denn dieser Ḫuzzija „I." eigentlich plötzlich auftauchen konnte.[143] Wo er regiert hat, auch

---

139 Demnächst Burgin i. Dr.; ich danke J. Burgin ganz herzlich, daß er mir nicht nur seinen Beitrag vorab zur Verfügung gestellt hat, sondern daß wir auch die Gelegenheit hatten, nicht nur den Textanschluß selbst, sondern auch die weiteren sich aus den Textergänzungen ergebenden Möglichkeiten in der bereits erwähnten „Hethiterrunde" intensiv zu diskutieren. Ich beschränke mich hier ausschließlich auf den Punkt der neugewonnenen Namenserwähnung, da die anderen hier nicht weiter relevant sind und verweise dafür auf den Beitrag von J. Burgin, der hier wesentliche weiterführende Überlegungen bietet.

140 Ex. B Rs. 14'; der Beginn des Namens in KBo 53.304, 4'; alle Details bei Burgin i. Dr.

141 Und in dieser Richtung argumentiert J. Burgin in dem erwähnten Beitrag. Wir wollen und können dem hier nicht vorgreifen, deshalb legen wir den Schwerpunkt hier auf eher einige allgemeine Überlegungen.

142 Da die Zeitstellung dieses Ḫappi-Abschnittes innerhalb des Gesamtberichtes wiederum eine Gesamtinterpretation des Textes erfordern würde, müssen wir dies leider hier ausblenden; es dürfte allerdings auch so deutlich sein, daß es sich um einen neuerlichen Rückgriff handeln müßte, denn Ḫappi wird erst im Zuge des letzten Kampfes gegen Zalpa, also in der Zeit des „alten Königs" und des „Königs" erwähnt, also deutlich nach der Zeit des „Großvaters".

143 Es ist hier nicht der Ort, auf den Beitrag von Kloekhorst 2021 näher einzugehen, der vor allem versucht, eine enge Verbindung zwischen den frühen hethitischen Königen und der Stadt Neša nachzuweisen, auch wenn es so manches dazu zu sagen gäbe; einige Detailbemerkungen bereits weiter oben. Im Ergebnis halte ich das für weitgehend spekulativ – Ḫuzzija, Labarna I. und Ḫattušili I. sollen alle von Neša aus regiert haben, aber kein einziger Text gibt dafür auch nur den kleinsten konkreten Hinweis. Erwähnen möchte ich allerdings, daß mich im Jahre 2019 eine Zeitschrift bat, zu einem eingereichten Manuskript, dessen Autor mir unbekannt blieb, eine Stellungnahme abzugeben. Diese meine Stellungnahme fiel kritisch aus; ohne Behebung be-

dafür wurden verschiedene Vorschläge gemacht, etwa Ḫattuša, Neša oder vielleicht auch Ḫurma, freilich sind diese weitgehend abhängig davon, wie diese „dunkle" Epoche rekonstruiert wird.[144] Bemerkenswert ist aber schon, daß wir nun damit rechnen müssen, daß kurz nach dem Ende der Zeit der altassyrischen Handelskolonien und dem Ende des Königs Zuzu, wenn nicht sogar noch zeitgleich mit diesem jetzt mit einem König Ḫuzzija zu rechnen ist. Die zeitliche Dimension ist hier sehr unsicher – Zuzu wird relativ chronologisch in etwa bis um das Jahr 1710 angesetzt, wobei eine gewisse Toleranz bleibt. Wir haben oben gesehen, daß das Datum 1650 für den Beginn der Regierung Ḫattušilis I. deutlich weniger präzise ist (vgl. S. 33); niemand kann mit Sicherheit sagen, daß es nicht ein Jahrzehnt früher oder später war, selbst zwei Jahrzehnte Unsicherheit sind nicht auszuschließen.[145]

---

stimmter Defizite, wofür ich einige Beispiele nannte, erschien mir eine Veröffentlichung nicht angeraten. Später erfuhr ich, der Autor habe sein Manuskript zurückgezogen. Ganz zweifellos handelt es sich bei der oben genannten Arbeit Kloekhorst 2021 um diejenige, die mir damals in einer früheren Fassung vorlag. Überarbeitungen des Manuskriptes lassen mich vermuten, daß meine Anmerkungen nicht ganz unbegründet waren. Umso bemerkenswerter, daß der Verfasser es offenbar nicht für geboten hielt, diese Hintergründe seiner Publikation zu erwähnen, wie er im Übrigen auch nicht darauf hinweist, daß manche Passagen dieses Beitrages wiederum nahezu identisch bereits Teil der Veröffentlichung von Kloekhorst 2019 waren und hier nur wiederholt bzw. marginal verändert übernommen werden.

144 Beal 2003, 25 hält es für denkbar, daß Ḫattuša schon unter dem „Großvater" (in dem er ja noch nicht Ḫuzzija gesehen hat, sondern diesen für viel älter hielt; allerdings zählt in diesem Zusammenhang der Verweis auf den „Großvater") „Hauptstadt" („capital") gewesen sei. Forlanini 2010, 117 n. 17 verweist zwar ebenfalls darauf, daß Ḫattuša schon wohl vor Ḫattušili wieder aufgebaut wurde, da er aber davon ausgeht, Ḫuzzija habe Papaḫdilmaḫ, von dem er annimmt, er sei einer seiner Söhne gewesen, Ḫattuša anvertraut, kann er kaum selbst dort regiert haben. Barjamovic et al. 2012, 51 n. 183 vermuten in Ḫuzzija tatsächlich den König von Ḫattuš, begründen dies aber nicht; Kloekhorst 2021, 572–573 wiederum spekuliert, daß es Ḫattušili gewesen sei, der den „Hof" von Neša nach Ḫattuša verlagert habe, u. a. weil die Stadt gut zu verteidigen gewesen sei, außerdem habe er während seiner Feldzüge gegen Zalpa festgestellt, daß sich Ḫattuša besonders als Militärbasis eignen würde; worin diese Eignung bestanden habe, wird allerdings ebenso wenig näher begründet; die Behauptung Kloekhorst 2021, 572, Beal habe sich für Ḫuzzija als König in Ḫattuša ausgesprochen, verkennt dessen Position, daß Ḫuzzija eben gar nicht der „Großvater" war; de Martino 2022, 209 betont zwar, daß es keinen Besiedlungshiatus in Ḫattuša nach der Zerstörung durch Anitta gegeben habe, läßt aber, wenn ich recht sehe, die Frage offen, ob Ḫuzzija selbst dort regiert hat. Weeden 2022, 541 läßt die Frage wohl ebenfalls offen.

145 Bei Kloekhorst 2019, 261 n. 1107 finden sich sehr weitgehende chronologische Überlegungen, die aber überwiegend auf nicht belegbaren Annahmen beruhen, etwa in welchem Verwandtschaftsverhältnis Ḫuzzija „I." zu Anitta gestanden habe, ob Zuzu kein Sohn, sondern doch eher ein Bruder des Anitta gewesen sei oder doch ein Cousin und was das wiederum für Ḫuzzija bedeute, wenn man davon ausgehe, daß „the average age to ascend the throne is 25–35" (man würde doch zu gerne wissen, worauf sich solche Annahmen stützen) und dieser in etwa 1745–1740 v. Chr. geboren worden sei. Wie auch immer es sich damit genau verhält, jedenfalls findet

Daß es zwischen beiden Epochen ganz sicher keinen völligen kulturellen oder politischen Bruch gab, das muß heute nicht mehr ausdrücklich betont werden, vielmehr sind die Hinweise auf Kontinuitäten sogar viel deutlicher bis hin zu ganz konkreten Kenntnissen in der (späteren) hethitischen Überlieferung über diese Zeit, die nicht nur den Zalpa-Text und den Anitta-Text betreffen, sondern mit Anum-ḫirbe[146] ist z. B. eine weitere historische Gestalt dieser älteren Epoche in den hethitischen Texten greifbar.

Noch erstaunlicher, daß uns nun wiederum einer dieser gerade erwähnten Texte, nämlich der Anitta-Text[147], einen weiteren Ḫuzzija präsentiert, der aber König von Zalpa, bzw. genauer Zalpuwa, in der Zeit des Anitta war. Anitta selbst wird wiederum bis etwa 1725 angesetzt, womit wir zumindest einen Richtwert für die Datierung dieses Ḫuzzija erhalten. Der Kontext, in dem dieser Ḫuzzija erwähnt wird, ist durchaus von Interesse. Nachdem Anitta bereits über die Einnahme von Neša[148] durch seinen Vater Pitḫana und eine Reihe von Konflikten mit anderen Städten berichtet hatte, kommt er auf Zalp(uw)a zu sprechen. Beide Berichte sind thematisch miteinander verbunden. In die erste Phase der Auseinandersetzungen (Vs. 13–29) war der König von Ḫatti involviert, doch richtete sich die Reaktion Anittas (noch) nicht gegen Ḫattuša selbst. Sie endet vorerst mit der Zerstörung

---

Kloekhorst es dann plausibel, daß Ḫuzzija, da er nur der Neffe oder eventuell der Cousin von Anitta gewesen sei, es jedenfalls nicht für nötig gehalten habe, sich an dessen Verbot der Wiederbesiedelung von Ḫattuša zu halten.

146 Allerdings würde ich nicht so weit gehen und davon sprechen, daß er mit Anitta in der „kollektiven Erinnerung" der Dynastie von Boğazköy rivalisiere und daß es gar eine reiche Literatur um diese Gestalt gebe (so Barjamovic 2022, 548 n. 17), wiewohl ich allein das, was wir greifen können, ebenso für bemerkenswert halte. Vgl. noch Klinger 2022b, 123 zu dem Anum-ḫirbe Fragment KUB 36.99 mit einem doch eher ungewöhnlichen Erscheinungsbild, durchaus dem ah. Exemplar des Anitta-Textes nicht unähnlich.

147 Der Anitta-Text hat gerade in jüngerer Zeit wieder ein großes Interesse erfahren, so daß man auch dazu vieles sagen könnte; einiges dazu bei Klinger 2022a, 319–322. Grundsätzlich seien hier nur einige wenige Aspekte betont: ich teile nicht die Ansicht, daß es sich bei dem Anitta-Text um eine Übersetzung handelt, egal, aus welcher Sprache, ich teile auch nicht die Ansicht, daß es sich um eine Kompilation aus verschiedenen Quellen handelt und ebenso bin ich nicht der Meinung, daß es sich dabei letztlich um die Kopie einer Inschrift handelt. Ich denke, hiermit ist schon deutlich geworden, daß es den Raum sprengen würde, dies alles en detail zu begründen. Auch zum Historischen wäre einiges auszuführen; so leuchtet mir keineswegs ein, daß die Anerkennung Anittas durch den König von Purušḫattum zeige, daß Zentralanatolien effektiv in einen westlichen und einen östlichen Bereich geteilt gewesen sei (so z. B. Barjamovic et al. 2012, 50; auf S. 43 wird übrigens von einer Vereinigung Zentralanatoliens unter Anitta gesprochen).

148 Der Text verwendet ausschließlich die Namensform Neša, anders als der Zalpa-Text, der im ersten Teil von der „Königin von Kaniš" (Vs. 1, 12) spricht, sonst aber ebenfalls die Namensform Neša verwendet, und dies auch schon im ersten Teil im Kontext der Handlung (z. B. Vs. 15).

verschiedener Städte, darunter Ḫarkiuna und eventuell auch Ullamma. Beginn und Ende dieses Berichts werden durch Verweis auf die Zeiten des Vaters Pitḫana (Vs. 10, 30) gerahmt und mit der Drohung der Wiederbesiedlung, die Anitta an seinem Tor anbringen läßt (Vs. 32–35)[149], beendet, wobei die zweite Erwähnung Pitḫanas mit der ersten Erwähnung von Zalp(uw)a verbunden ist, allerdings ist der konkrete Kontext verloren. Wir können also festhalten, daß in dem generellen Konflikt, der zwischen Ḫattuša und Neša ausgetragen wird, Zalpa in irgendeiner Weise involviert war.

Doch noch ist der Konflikt nicht endgültig bereinigt. Zwar wurden Verbündete oder Vasallen von Ḫattuša besiegt, aber Ḫattuša selbst ließ es dabei nicht bewenden, sondern eröffnet die kriegerischen Auseinandersetzungen aufs Neue (Vs. 36). Und an dieser Stelle wird wiederum ein Rückgriff auf vergangene Ereignisse eingeschaltet, ganz offensichtlich mit der Absicht, die Gründe für den grundsätzlichen Konflikt zwischen Neša und Ḫattuša näher zu erläutern. Ein (oder der) Vorgänger von Ḫuzzija, ein Mann namens Uḫna, hatte den Gott Šiu, d. h. wohl sein Bildnis etwa in Form einer Statue oder Stele,[150] aus Neša nach Zalp(uw)a gebracht, also, da wir annehmen können, daß Neša das sicherlich nicht freiwillig akzeptiert hat, als Ergebnis eines Erfolgs in einer weiteren kriegerischen Auseinandersetzung, in der diesmal offenbar Uḫna obsiegte.[151] Anitta war es nun, dem es gelang dieses Bildnis wieder zurück nach Neša zu bringen und in diesem Zusammenhang auch Ḫuzzija, wie er betont, lebend, also eventuell als Gefangenen, vielleicht aber auch nur, damit dieser ihm in Neša seine Referenz erweist als Ausdruck einer Anerkennung seiner Oberherrschaft, mit nach Neša führt.[152] Doch diese Schilderung bietet lediglich den

149 Entgegen der weitverbreiteten Ansicht gehe ich nicht davon aus, daß hier mit der „Tafel" der eigentliche Bericht des Anitta gemeint ist, sondern das Verbot der Wiederbesiedlung „von Neša aus" (Vs. 23–24); deshalb ist es auch schlüssig, daß die Tafel in Neša angebracht wird, zumal sie in einer zerstörten Stadt auch schwerlich an einem Tor anzubringen gewesen wäre.

150 Der Name dieser Gottheit hat eine ganze Reihe, teilweise sehr weitgehende Spekulationen nach sich gezogen; Neu 1974, 131 sah darin gar Hinweise auf eine „enge Verbindung zwischen hethitischem Königtum und altindogermanischer Religion". Ob allein die Etymologie ausreicht, hier von Vorstellungen einer „altindogermanischen Religion" zu sprechen, erscheint mir doch zu weitgehend, doch läßt sich kaum von der Hand weisen, daß zwischen eben dieser Gottheit und dem Königtum, wenn auch nicht notwendigerweise nur einem „hethitischen", eine engere Beziehung bestehen könnte.

151 Haas 1977, 22 nimmt an, daß der Angriff gegen – und Sieg über – Neša durch Uḫna durch die Einnahme der Stadt durch Pitḫana ausgelöst worden wäre und schließt darauf auf eine Art Oberherrschaft von Zalpa über Neša. Doch macht der Text keine Angabe, wann der Sieg und Raub der Statue sich ereignete, sondern spricht nur von „früher" (*karū*); auch machen die altassyrischen Quellen über die Zeit Anittas eine solche Abhängigkeit der Stadt von Neša kaum plausibel.

152 Es gibt hier viel Raum für Spekulation, aber es könnte sich durchaus um dasselbe Procedere handeln, das gegen Ende des Textes mit Bezug auf den „Mann von Purušḫanda" beschrieben wird

Hintergrund für die entscheidende Auseinandersetzung mit Pijušti von Ḫattuša, die mit dem endgültigen Sieg Anittas und der Zerstörung der Stadt endet, diesmal durch die Unterstützung eben des Gottes Šiu[153], von dem gerade noch erzählt wurde. Und wieder schließt der Bericht über die kriegerische Auseinandersetzung mit einer Androhung einer göttlichen Strafe für den, der die Stadt wiederbesiedelt. Zwar wird in diesem Falle keine Tafel erwähnt, aber der Adressat der Drohung ist nicht irgendjemand, sondern Anitta richtet sie gegen seine eigenen Nachfolger[154] wie schon im ersten Falle, wo von einer Tafel an „meinem Tor" die Rede war.

Es schließt sich dann die 3. Phase des Aufstiegs des Anitta an; der Bericht ist in ähnlicher Weise strukturiert wie die vorhergehenden; d.h. das eigentliche Ziel ist die Stadt Šalatiwara mit weiteren Verbündeten, aber nach dem Erfolg ist es Purušḫanda, das nach dem Sieg Anitta seine Referenz erweist. Gleichzeitig bedeutet dies eine Erweiterung des geographischen Raums nach Westen, während es sich vorher um einen Nord-Süd-Konflikt in Zentralanatolien, der offenbar bereits eine lange Geschichte hatte, handelte. Hier soll aber nur diese Auseinandersetzung mit Ḫattuša interessieren, die den größten Teil des Berichts einnimmt. Es ist offensichtlich, daß Zalp(uw)a hier in irgendeiner Form involviert war, wenn nicht sogar der eigentliche Konkurrent von Neša. Wie der Rückblick ja nahelegt, ging die Auseinandersetzung zwischen Neša und Zalp(uw)a dem aktuellen Konflikt mit Ḫattuša sogar voraus. Es ist auch schwerlich vorstellbar, daß Ḫattuša lediglich Zuschauer war in einem direkten militärischen Konflikt zwischen einer Stadt am Schwarzen Meer und dem viel südlicher als Ḫattuša liegenden Neša.[155] Ob hier ein

(Rs. 73–79), d.h. es ist nicht zwingend, daß Ḫuzzija in diesem Zusammenhang den Tod fand, vielleicht konnte er sogar nach Zalp(uw)a zurückkehren, nachdem er Anitta offiziell als Oberherrn anerkannt hat. Aber das läßt sich so natürlich nicht eindeutig belegen, sondern bestenfalls vermuten.

153 Die entscheidende Gottheit in der ersten Kriegsphase war dagegen der Wettergott des Himmels (Vs. 20).

154 Das Interesse an dem Text kann deshalb auch nicht primär darin bestanden haben, Informationen zu sammeln, um frühere „Schuld" zu identifizieren (vgl. Weeden 2022, 539), denn die „Schuld" läge ja bei den Nachfolgern des Anitta, und als solche haben sich, jedenfalls soweit wir das sagen können, die Könige in Ḫattuša eben gerade nicht gesehen.

155 Die in der älteren Literatur immer wieder zu findende Diskussion, wo und wann „Indogermanen" oder „Indoeuropäer" u.U. tonangebend waren oder die Mehrheit der Bevölkerung stellten und was sich daraus womöglich politisch ergab (vgl. stellvertretend etwa Haas 1977, bes. 22–23), halte ich für wenig zielführend, da es ganz sicher keine kollektive Identität „indoeuropäisch" o.ä. gab. Wenn, dann können wir lediglich über sprachliche Milieus, aber nicht über Ethnien sprechen. Allerdings räume ich gerne ein, daß ich selbst in dieser Hinsicht nicht immer klar genug formuliert habe; vgl. dazu Klinger 1996, 124 n. 172. Ähnliches gilt für die auf Thesen zu einer matrilinearen Erbfolge gestützten Spekulationen, wonach sich das Königtum in Kaneš/Neša

Bündnis bestand, wofür eher sprechen könnte, daß in beiden Städten ein „König“ residierte[156] oder ob es ein Abhängigkeitsverhältnis gab, das läßt sich nicht sagen.[157]

Deutlich wird jedoch, daß eine Beziehung zwischen Ḫattuša und Zalpa bestand, daran läßt der Text kaum einen Zweifel, auch wenn die Natur dieser Beziehung sich nicht genauer fassen läßt.[158] Man wird dies kaum von den Hinweisen auf eine solche spezielle Beziehung trennen wollen, die sich in der späteren hethitischen Überlieferung immer wieder finden und die sich sogar in der Überlieferung des Anitta-Textes noch niederschlagen. Der Schreiber des Exemplars B = KUB 26.71, eine der Versionen, die den Anitta-Text mit weiteren althethitischen historischen Texten kombinieren, ersetzt die Angabe „in das Throngemach aber“ (A Rs. 78) durch ein „nach Zalpa aber“ (B Vs. 18‘), wobei der Ortsname nicht in der für den Ausgangstext üblichen Form, also nicht als „Zalpuwa“, geschrieben wird.[159] Natürlich können wir nicht sicher wissen, was diesen Eingriff in den Text motiviert hat, aber der Gedanke liegt nahe, daß für den Schreiber zu einer Zeit, als Neša nur noch Teil einer Erinnerung an eine längst vergangene Zeit war, die Idee einer repräsentativen Szene wie der einer Audienz vor seinem König die Assoziation mit Zalpa auslöste. So zeigt ein ebenfalls auf die althethitische Zeit zurückgehendes

über die Tochter vererbt habe u.a.m., wie sie sich etwa bei Bin-Nun 1975 ausführlichst erörtert finden.

156 Es fällt auf, daß der Anitta-Text scheinbar sehr bewußt die Begrifflichkeiten wählt; außer bei Ḫattuša und Zalpa wird nicht von Königen gesprochen, sondern die Städte selbst werden adressiert, wie z.B. deutlich im Falle von Šalatiwara, wo nur LÚ verwendet wird, ebenso bei Purušḫanda (Rs. 65 und 74).

157 Die Behauptung von Glatz 2017, 75 (ähnlich bereits früher), daß es zunächst nur sehr begrenzt Kontakte zwischen den nördlichen und nordwestlichen Regionen am Schwarzen Meer und dem „hethitischen Süden“ gegeben hätte und sich dies erst ab dem 15. Jahrhundert geändert habe, beruht auf einer offensichtlichen Unkenntnis der schriftlichen Quellen bzw. auf deren eklatanter Fehlinterpretation (wie etwa in Matthews und Glatz 2009). Noch bedenklicher freilich, wenn dann die materiellen Befunde dieses Fehlurteil angeblich sogar bestätigen sollen.

158 Alparslan und Doğan-Alparslan 2022, 485 sprechen in Bezug auf den Zalpa-Text im Kontext hethitischer Historiographie davon, daß es sich dabei um den Versuch gehandelt habe, sich in die Tradition einer „legendären“ Vergangenheit zu stellen („to present themselves as descendants of a ‚legendary‘ past“), doch geht das in Bezug auf Zalpa m.E. noch deutlich weiter, wobei diese Vergangenheit alles andere als „legendär“ gewesen sein muß.

159 Das noch etwas jüngere Exemplar C = KUB 36.98+ beläßt es scheinbar bei der ursprünglichen Form, allerdings ohne die Allativendung. Haas 1977, 24 versteht die Stelle so, daß sich das Throngemach des Königs von Neša gar nicht dort, sondern vielmehr in Zalpa befunden habe: „Kanis war also die Residenz, der Krönungsort aber war Zalpa.“ – u.E. kann ein späterer redaktioneller Eingriff aber nur sehr bedingt für die Interpretation des „Originals“ herangezogen werden.

Ritual, das sonst in der hethitischen Literatur generell eher seltene Bezüge zu einer Art Ideologie des Königtums aufweist, diese Verbindung, wenn dem König, der als *labarna* angesprochen wird, die Ausdehnung seines Herrschaftsgebietes bis zum Meer bis ins Land Zalpa als Auftrag gegeben wird.[160] Und nach dem ebenfalls bereits althethitischen Bauritual ist ja explizit davon die Rede, daß die Götter dem König „lange Jahre" sowie die Throngöttin Ḫalmaššuit „Herrschaft und die Kutsche vom Meer" her bringen[161] – womit die Verbindung wiederum zwischen Königtum und dem Meer bzw. Zalpa, auch wenn es hier nicht explizit genannt ist, unterstrichen wird. Weitere Rituale stützen diese Verbindung zwischen Zalpa und Königtum, wie das Ritual anläßlich einer Vorbereitung zur Thronbesteigung (KBo 19.92) oder, nicht minder interessant, der Teil des Hethitischen Totenrituals (IBoT 2.132), der gar auf eine Bestattung des verstorbenen Königs eben in Zalpa hindeuten könnte[162] bzw. sogar noch weitergehend als ein Ritual, das immer wieder wiederholt wurde, um so an den „Gründer" des eigenen Königtums zu erinnern[163].

Wie immer man das im Detail auch sehen will, daß eine sehr spezielle Beziehung des „hethitischen" Königtums eben zu dieser Stadt Zalpa am Schwarzen Meer bestand[164], selbst als sie vermutlich gar nicht mehr besiedelt war, das läßt sich anhand dieser verstreuten und manchmal schwer zu deutenden Hinweise kaum leugnen. Und dies führt uns natürlich unmittelbar wieder zu der Frage, was es denn mit dem König Ḫuzzija von Zalpa auf sich hat. Wir haben gesehen, daß

---

160 KUB 57.63 Rs. III 10'-13', besonders die ausdrückliche Aussage „in Zalpuwa" ist bemerkenswert; zum Ritual Archi 1988 sowie Steitler 2017, 313–316; zu den programmatischen Aussagen vgl. etwa die Passage Vs. II 4–15. Es sei hier noch daran erinnert, daß die Ausdehnung des Herrschaftsbereiches bis zum Meer als Herrschaftsauftrag nicht nur in solchen Ritualzusammenhängen auftritt, sondern daß sie bekanntlich im Telipinu-Erlaß ausdrücklich bei Labarna und Ḫattušili I. als ein erreichtes Ziel genannt werden.

161 KUB 29.1 I 21–23. Haas 1977, 25 sieht hier eine Aufteilung – der König habe nur das Landesinnere für die Götter zu verwalten; dagegen scheinen mir aber die weiteren hier herangezogenen Belege zu sprechen.

162 Dazu bereits Klinger 1996, 125; wir können hier nicht auf die zahlreichen weiteren Rituale eingehen, die im Bezug zu Zalpa stehen, mit denen sich vor allem gründlich C. Corti (2010a, 2010b) beschäftigt hat.

163 Vgl. die eben in der vorhergehenden Anmerkung genannten Beiträge von C. Corti sowie speziell zu den „ideologischen" Aspekten Corti 2010a, 102 bzw. Corti 2016–2018, 200. Im Lichte des hier Vorgestellten ist eine solche Interpretation naheliegenderweise ausgesprochen reizvoll, doch bedarf sie m. E. noch weiterer Unterstützung; die Textbasis ist doch noch etwas dünn.

164 Zalpa bzw. die „Truppen" (ÉRIN.MEŠ) von Zalpa, werden, neben denen anderer Städte, in den HG § 54 erwähnt als diejenigen, die von der Erbringung der *luzzi*-Leistung ausgenommen sind. Daß es sich hier, in der althethitischen Fassung der Hethitischen Gesetze, um Städte handle, die an der „östlichen Euphratfront" gelegen hätten, so van den Hout 2020, 90 im Anschluß an Collins 1987, halte ich für nicht zutreffend.

chronologisch eine Gleichsetzung dieses Ḫuzzija mit dem Ḫuzzija „I.", wie er jetzt allgemein als frühester bezeugter König in der eigenen hethitischen Überlieferung angesetzt wird, zumindest nicht unmöglich ist. Wir haben ebenfalls gesehen, daß die Beziehungen zwischen Zalpa und den „hethitischen" Königen in den frühesten Texten, aber auch später noch anders sind, als zu allen anderen Städten, die für die hethitische Überlieferung eine Rolle spielen und sich sehr viel konkreter auf das Königtum als Amt beziehen lassen als etwa im Falle von Kaneš/Neša, Kuššara oder irgend einer anderen Stadt innerhalb des „hethitischen" Kleinasiens.[165] Aber na-

165 Freilich gibt es dazu auch ganz andere Ansichten. Jüngst hat A. Kloekhorst, auf dessen verschiedene Beiträge wir oben bereits wiederholt eingegangen sind, ein gänzlich anderes Szenario entworfen, wobei er sich ganz wesentlich auf linguistische Argumente stützt. Wenn ich das richtig verstanden habe (vgl. dazu die Zusammenfassung bei Kloekhorst 2019, 266 – 268), so zeige die Analyse des Namensmaterials der altassyrischen Texte, daß in Zentralanatolien nicht nur ein Hethitisch existiert habe, sondern mehrere unterscheidbare Dialekte gesprochen worden seien, was zunächst eine durchaus plausible Überlegung darstellt. Nach seiner „Rekonstruktion" der historischen Entwicklung sei Ḫattuša von Kaneš aus aufgebaut worden und dabei ein erheblicher Teil von Neuansiedlern von dort in die Stadt gekommen, doch sei das (später) in Ḫattuša belegte Hethitisch vielmehr eine Variante, die letztlich aus Kuššara komme, die wiederum mit der Übernahme der Herrschaft in Kaneš durch die Könige Pitḫana und Anitta und deren Dynastie, deren Existenz freilich nur hypothetisch ist, das „Kuššara-Hethitisch" mindestens am Hof in Kaneš eingeführt worden sei, so daß es also in der Stadt selbst zwei unterscheidbare Dialekte des Hethitischen gegeben habe. Bei der Verlegung eben dieses Hofes nach Ḫattuša, ob noch unter Ḫuzzija „I." oder erst unter Ḫattušili I. sei noch unklar (Kloekhorst 2019, 268; in Kloekhorst 2021 wird allerdings die These vertreten, daß es sicher erst Ḫattušili I. gewesen sei, der diese Entscheidung getroffen habe, womit freilich das ganze Szenario zusätzlich kompliziert wird), wäre dann das „Kuššara-Hethitisch" des Hofes von Kaneš in Ḫattuša eingeführt worden, wo es sich dann in der schriftlichen Überlieferung gegen das „Kaneš-Hethitisch" der bei der Wiederbesiedlung der Stadt hierher übersiedelten Handwerker und einfachen Leute („workers, personnel and officials", Kloekhorst 2019, 268) durchgesetzt habe, was sich alles anhand der unterschiedlichen Dialekte der in altassyrischen Texten belegten Eigennamen aus hethitischem Sprachmaterial nachweisen lasse. Nicht zu vergessen, in diesem Zuge wurde ein Teil des Archivs von Kaneš, zu dem auch der Anitta-Text gehörte, nach Ḫattuša transferiert (offenbar ohne, daß sich von dem nicht transferierten Teil noch Zeugnisse bei den Grabungen in Kültepe gefunden haben und man also mit zwei gänzlich unterschiedlichen Schriftformen, einmal der altassyrischen sowie daneben einer eher altbabylonischen unbekannter Herkunft, zu rechnen habe). So würde sich immerhin erklären, warum in der schriftlichen Überlieferung sich diese Dialektvarianten jedenfalls nicht niedergeschlagen haben. Zur Schlüssigkeit der Interpretation der sprachlichen Fakten haben sich andere, die hierfür weitaus berufener sind als ich, bereits einschlägig geäußert (es sei hierfür auf Yakubovich 2020 und Giusfredi 2020 verwiesen). Allerdings scheint mir, daß die dort u. a. geäußerten kritischen Anmerkungen, gerade in methodischer Hinsicht, nicht allein für die sprachwissenschaftlichen Argumentationen gelten, insofern verzichte ich hier darauf, mich mit den historischen Thesen weiter auseinanderzusetzen und überlasse es jedem, sich seine eigene Meinung zu bilden.

türlich kann man ohne Weiteres auch die Position vertreten, dies sei alles nicht belastbar genug; und daß Ḫuzzija „I." diesen Namen trägt, wie ein König Ḫuzzija von Zalpa in derselben Zeit oder kurz danach, ist ebenfalls nur Zufall.[166] Weder die eine noch die andere Lesart läßt sich beim aktuellen Stand der Quellen verifizieren. Ich persönlich tendiere freilich zu der Ansicht, daß dieser Ḫuzzija von Zalpa durchaus identisch sein könnte mit dem Ḫuzzija, den Muršili II. auf seinem Siegel nennt.

166 D. h., selbstverständlich ist die Position von Forlanini 2010, 123, daß Ḫuzzija „I." ein direkter Nachfahre des Ḫuzzija von Zalpa ist, prinzipiell ebenso denkbar, auch wenn ich seine weitergehenden Überlegungen nicht teile, aber natürlich hätte das entsprechende chronologische Konsequenzen.

11 Schluß

Das Ziel dieses Beitrages war es, die Diskussion um den sog. Zalpa-Text nochmals aufzugreifen und dabei einerseits daran zu erinnern, daß die in jüngerer Zeit allgemein akzeptierte Identifikation der Protagonisten des Textes aus meiner Sicht noch nicht das letzte Wort dazu ist, ja, daß ich vielmehr nach wie vor der Ansicht bin, daß es mindestens berechtigt ist, eine alternative Datierung auf Muršili I. nochmals in die Diskussion einzubringen, da sie m. E. erlaubt, eine Reihe der Probleme der bisherigen Deutung zu vermeiden und mit weniger zusätzlichen Hypothesen zu arbeiten. Es hat sich gezeigt, daß die inzwischen weitgehend etablierte Identifikation der im Zalpa-Text nur über ihre genealogischen Beziehungen charakterisierten zentralen Akteure, nämlich Ḫattušili als „König" und Labarna I. als „alter König" nur dann aufrechtzuerhalten ist, wenn eine ganze Reihe, teilweise sehr komplizierter Zusatzannahmen gemacht werden, und selbst damit lassen sich nicht alle Probleme lösen, die entstehen, wenn man versucht dieses Modell dann mit den weiteren und von anderen Texten gelieferten Informationen in Übereinstimmung zu bringen. Daß beim jetzigen Stand weder die eine noch die andere Interpretation im strikten Sinne beweisbar ist, sei dabei ohne weiteres konzediert. Fast wichtiger allerdings erscheint mir das zweite mit diesem Beitrag verbundene Anliegen, nämlich nochmals zu betonen, daß auch dieser Text, so überraschend das vielleicht auf den ersten Blick sein mag, wichtige, historisch relevante Informationen liefern kann, die es für unsere Rekonstruktion der hethitischen Geschichte zu berücksichtigen gilt und die vor allem eines zeigen, daß eben diese Geschichte, wenn man sie denn als „hethitisch" bezeichnen will, deutlich weiter zurückreicht als bis Labarna I. und Ḫattušili I. und daß sie fest verbunden und verwoben ist mit den Entwicklungen Zentralanatoliens mindestens seit den ersten Jahrhunderten des 2. Jahrtausends und daß die vermeintlich „dunkle Phase" zwischen der Zeit der Handelskolonien und dem (vermeintlichen) Beginn der hethitischen Überlieferung weder dunkel noch quellenlos ist.

 https://doi.org/10.1515/9783112223413-013

Literaturverzeichnis

CAH The Cambridge Ancient History. Siehe Gurney 1962 und 1966.

CTH Catalogue des textes hittites.

HAB Sommer, F. und Falkenstein, A. (1938). *Die hethitisch-akkadische Bilingue des Ḫattušili I. (Labarna II.)* (Abhandlungen der Bayerischen Akademie der Wissenschaften, Philologisch-historische Abteilung. Neue Folge Heft 16). München: Bayerische Akademie der Wissenschaften.

HW² IV Friedrich, J., Kammenhuber, A. und Hazenbos, J. (Hg.) (2014–2017), *Hethitisches Wörterbuch. Zweite völlig neubearbeitete Auflage auf der Grundlage der edierten hethitischen Texte. Band IV: I.* Heidelberg: Winter.

Albright, W. (1957). Further observations on the chronology of Alalakh. *Bulletin of the American Schools of Oriental Research* 146, 26–34.

Allgaier, B., Bolle, K., Jaspert, N., Knauber, K., Lieb, L., Roels, E. und Wallenwein, K. (2019). Gedächtnis – Materialität – Schrift. Ein erinnerungskulturelles Modell zur Analyse schrifttragender Artefakte. *Saeculum* 69.2, 181–244.

Alparslan, M. und Doğan-Alparslan, M. (2022). Hittite Kings: Self-presentation and Historiography. In: S. de Martino (Hg.), *Handbook Hittite Empire: Power Structures*, 469–495. Berlin/Boston: De Gruyter.

Alster, B. und Oshima, T. (2007). Sargonic Dinner at Kaneš: The Old Assyrian Sargon Legend. *Iraq* 69, 1–20.

Archi, A. (1988). Eine Anrufung der Sonnengöttin von Arinna. In: E. Neu und Ch. Rüster (Hg.), *Documentum Asiae Minoris Antiquae. Festschrift für Heinrich Otten zum 75. Geburtstag*, 5–31. Wiesbaden: Harrassowitz.

Archi, A. (2021). „Formengeschichte" and the Transmission of the Anitta Text. *Orientalia Nova Series* 90, 256–273.

Aro, S. (2022). Images of the King. In: S. de Martino (Hg.), *Handbook Hittite Empire: Power Structures*, 497–601. Berlin/Boston: De Gruyter.

Assmann, J. (1992). *Das kulturelle Gedächtnis: Schrift, Erinnerung und politische Identität in frühen Hochkulturen.* München: Beck.

Assmann, J. (1995). Kulturelles Gedächtnis als normative Erinnerung. Das Prinzip ‚Kanon' in der Erinnerungskultur Ägyptens und Israels. In: O. G. Oexle (Hg.), *Memoria als Kultur* (Veröffentlichungen des Max-Planck-Instituts für Geschichte 121), 95–114. Göttingen: Vandenhoeck und Ruprecht.

Assmann, A. (2021). Arbeiten am Traditionsbegriff. In: Ph. Reich, K. Toledo Flores und D. Werle (Hg.), *Tradition und Traditionsverhalten. Literaturwissenschaftliche Zugänge und kulturhistorische Perspektiven*, 47–62. Heidelberg: Heidelberg University Publishing.

Assmann, J., Borchmeyer, D. und Stachorski, S. (2018). *Joseph und seine Brüder I – Kommentar* (GFKA 7.2). Frankfurt am Main: S. Fischer Verlag.

Bachvarova M. (2012), From „Kingship in Heaven" to King Lists: Syro-Anatolian Courts and the History of the World. *Journal of Ancient Near Eastern Religions*, 97–118.

Barjamovic, G. (2022). Before the Kingdom of the Hittites. Anatolia in the Middle Bronze Age. In: N. Moeller, D. Potts und K. Radner (Hg.), *The Oxford History of the Ancient Near East, Vol. 2: From the End of the Third Millennium BC to the Fall of Babylon*, 497–565. Oxford: Oxford University Press.

https://doi.org/10.1515/9783112223413-014

Barjamovic, G. und Schwemer, D. (2019). Textfunde der Kampagne 2018. *Archäologischer Anzeiger* 2019.1, 84 – 89.
Barjamovic, G., Hertel, T. und Larsen, M. T. (2012). *Ups and Downs at Kanesh. Chronology, History and Society in the Old Assyrian Period* (PIHANS 120). Leiden: Nederlands Instituut voor het Nabije Oosten.
Beal, R. H. (1992). *The Organisation of the Hittite Military* (Texte der Hethiter 20). Heidelberg: Winter.
Beal, R. H. (2003). The Predecessors of Ḫattušili I. In: G. Beckman, R.H. Beal und G. McMahon (Hg.), *Hittite Studies in Honor of Harry A. Hoffner Jr. on the Occasion of His 65th Birthday*, 13 – 35. Winona Lake: Eisenbrauns.
Beckman, G. M. (1986). Inheritance and Royal Succession Among the Hittites. Appendix: The Terminology of Succession and Rule. In: H. Hoffner und G. Beckman (Hg.), *Kaniššuwar. A Tribute to Hans G. Güterbock on his Seventy-Fifth Birthday* (Assyriological Studies 23), 13 – 31. Chicago: The Oriental Institute of the University of Chicago.
Beckman, G. M. (1995). The Siege of Uršu Text (CTH 7) and Old Hittite Historiography. *Journal of Cuneiform Studies* 47, 23 – 34.
Beckman, G. (2000). Edicts and Proclamations: Bilingual Edict of Hattušili I. In: W. W. Hallo und K. L. Younger (Hg.), *The Context of Scripture, Vol. 2, Monumental Inscriptions from the Biblical World*, 79 – 81. Leiden/Boston/Köln: Brill.
Bilgin, T. (2018). *Officials and Administration in the Hittite World* (Studies in Ancient Near Eastern Records 21). Berlin/Boston: De Gruyter.
Bin-Nun, S. R. (1975). *The Tawananna in the Hittite Kingdom* (Texte der Hethiter 5). Heidelberg: Winter.
Boehmer, R. M. (1989). Zur Datierung des Karahöyük. In: E. Kutlu (Hg.), *Anatolia and the Ancient Near East. Studies in Honor of Tahsin Özgüç*, 39 – 44. Ankara: Türk Tarih Kurumu Basımevi.
Bryce, T. R. (1981). Ḫattušili I and the Problems of the Royal Succession in the Hittite Kingdom. *Anatolian Studies* 31, 9 – 17.
Bryce, T. R. (2018). *Warriors of Anatolia: A Concise History of the Hittites.* London: I. B. Tauris und Co.
Burgin, J. (i. Dr.). A New Join to the Zalpa-Text, or: How Many Homonymies Can One Text Bear?
Campbell, D. (2022). The Cruciform Seal and Mursili II's Immediate Predecessors, *Journal of Near Eastern Studies* 81, 233 – 246.
Carruba, O. (2003). *Anittae res gestae* (Studia Mediterranea 13; Series Hethaea 1). Pavia: Italian University Press.
Collins, B. J. (1987). § 54 of the Hittite Laws and the Old Kingdom Periphery. *Orientalia Nova Series* 56, 136 – 141.
Corti, C. (2005). Il racconto delle origini: alcune riflessioni sul testo di Zalpa. In: F. Pecchioli Daddi und M. C. Guidotti (Hg.), *Narrare gli eventi. Atti del Convegno degli egittologi e degli orientalisti italiani in margine alla mostra „La battaglia di Qadesh"* (Studia Asiana 3), 113 – 121. Rom: Herder.
Corti, C. (2010a). „Because for a Long Time (the Gods of Zalpa) Have Been Ignored... Hence These Offerings in this Way Do Not We Donate". New Celebrations in the Zalpuwa Land. *Journal of Ancient Near Eastern Religions* 10, 92 – 102.
Corti, C. (2010b). The religious traditions of the ‚Zalpa Kingdom'. New edition of CTH 733 and related documents. In: A. Süel (Hg.), *Acts of the VIIth International Congress of Hittitology, Çorum, August 25 – 31, 2008*, 139 – 156. Ankara: T.C. Çorum Valiliği.
Corti, C. (2016 – 2018). Zalpa. In: M. P. Streck (Hg.), *Reallexikon der Assyriologie und Vorderasiatischen Archäologie*, Bd. 15, 193 – 201. Berlin/Boston: De Gruyter.
Dardano, P. (2011). Erzählte Vergangenheit und kulturelles Gedächtnis im hethitischen Schrifttum. Die so genannte Palastchronik. In: M. Hutter und S. H. Hutter-Braunsar (Hg.), *Hethitische*

Literatur: Überlieferungsprozesse, Textstrukturen, Ausdrucksformen und Nachwirken. Akten des Symposiums vom 18. bis 20. Februar 2010 in Bonn (Alter Orient und Altes Testament 391), 63 – 81. Münster: Ugarit-Verlag.

de Martino, S. (2016). *Da Kussara a Karkemish: storia del regno ittita* (Laboratorio di Vicino Oriene antico 1). Firenze: LoGisma editore.

de Martino, S. (2022). Hatti: From Regional Polity to Empire. In: S. de Martino (Hg.), *Handbook Hittite Empire: Power Structures*, 205 – 270. Berlin/Boston: De Gruyter.

de Martino, S. (2023). *The Edict Issued by the Hittite King Ḫattušili III Concerning the Priesthood of the Goddess Ištar/Šaušga.* In: Cl. Mora und G. Torri (Hg.), *Administrative Practices and Political Control in Anatolian and Syro-Anatolian Polities in the 2nd and 1st Millennium BCE* (Studia Asiana 13), 9 – 23. Florenz: Firenze University Press.

Dercksen, J. G. (2005). Adad is King! The Sargon Text from Kültepe (with an Appendix on MARV 4, 138 and 140), *Jaarbericht van het Vooraziatisch-Egyptisch Genootschap. Ex Oriente Lux* 39, 107 – 129.

Dinçol, A., Dinçol, B., Hawkins, J. und Wilhelm, G. (1993). The 'Cruciform Seal' from Boğazköy-Ḫattusa. In: J. Seeher (Hg.), *Peter Neve zum 65. Geburtstag am 3. April 1994 von Freunden und Kollegen* (Istanbuler Mitteilungen 43), 87 – 106. Berlin: Gebr. Mann Verlag.

Eisele, W. (1970). *Der Telipinu-Erlass.* Dissertation. München: Ludwig-Maximilians-Universität München.

Fischer, S. und Klinger, J. (i. Vb.).

Forlanini, M. (2007). The Offering List of KBo 4.13 (I 17'–48') to the local gods of the kingdom, known as „Sacrifice List", and the history of the formation of the early Hittite state and its initial growing beyond central Anatolia. In: A. Archi und R. Francia (Hg.), *VI Congresso Internazionale di Ittitologia, Roma, 5 – 9 settembre 2005, Parte I* (Studi Micenei ed Egeo-Anatolici 49), 259 – 280. Rom: CNR.

Forlanini, M. (2010). An Attempt at Reconstructing the Branches of the Hittite Royal Family of the Early Kingdom Period. In: Y. Cohen, A. Gilan und J. L. Miller (Hg.), *Pax Hethitica – Studies on the Hittites and their Neighbours in Honour of Itamar Singer* (Studien zu den Boğazköy-Texten 51), 115 – 135. Wiesbaden: Harrassowitz.

Gates, M.-H. (2022). Gods, Temples, and Cult at the Service of the Early Hittite State. In: Y. Heffron, A. Stone und M. Worthington (Hg.), *At the Dawn of History: Ancient Near Eastern Studies in Honour of J. N. Postgate*, 189 – 210. Winona Lake: Eisenbrauns.

Gehrke, H.-J. (2014). *Geschichte als Element antiker Kultur. Die Griechen und ihre Geschichte(n)* (Münchner Vorlesungen zu Antiken Welten 2), Berlin/Boston: De Gruyter.

Gehrke, H.-J. (2019). Intentional History and the Social Context of Remembrance in Ancient Greece. In: W. Pohl und V. Wieser, *Historiography and Identity I: Ancient and Early Christian Narratives of Community* (Cultural Encounters in Late Antiquity and the Middle Ages 24), 95 – 106. Turnhout: Brepols.

Gerçek, İ. (2017). Approaches to Hittite Imperialism: A View from the ›Old Kingdom‹ and ›Early Empire‹ Periods (c. 1650 – 1350 BCE). In: A. Schachner (Hg.), *Innovation versus Beharrung: Was macht den Unterschied des Hethitischen Reichs im Anatolien des 2. Jahrtausends v. Chr.? Internationaler Workshop zu Ehren von Jürgen Seeher, Istanbul, 23.–24. Mai 2014* (Byzas 23), 21 – 38. Istanbul: Ege Yayınları.

Gilan, A. (2014). The Hittite Offering Lists of Deceased Kings and Related Texts (CTH 610 – 611) as Historical Sources. *KASKAL* 11, 86 – 101.

Gilan, A. (2015). *Formen und Inhalte althethitischer historischer Literatur* (Texte der Hethiter 29). Heidelberg: Winter.

Gilan, A. (2018). In Search of a Distant Past: Forms of Historical Consciousness in Hittite Anatolia. *Anadolu/Anatolia* 44, 1–23.

Gilan, A. (2019). The Hittites and their Past: Forms of Historical Consciousness in Hittite Anatolia. In: J. Baines, H. van der Blom, Y. S. Chen und T. Rood (Hg.), *Historical Consciousness and the Use of the Past in the Ancient World*, 69–89. Sheffield: Equinox.

Giusfredi, F. (2019). Le cosiddette Res Gestae di Anitta. Note di filologia e storia ittita. In: N. Bolatti Guzzo und P. Taracha (Hg.), *„And I Knew Twelve Languages". A Tribute to Massimo Poetto on the Occasion of His 70th Birthday*, 209–220. Warschau: Agade.

Giusfredi, F. (2020). I luvi a Kaneš e i loro nomi. *Aula Orientalis* 38.2, 245–254.

Glatz, C. (2017). The North: Archaeology. In: M. Weeden und L. Z. Ullmann (Hg.), *Hittite Landscape and Geography* (Handbuch der Orientalistik I/121), 75–88. Leiden/Boston: Brill.

Glatz, C. (2020). *The Making of Empire in Bronze Age Anatolia. Hittite Sovereign Practice, Resistance, and Negotiation.* Cambridge: Cambridge University Press.

Goetze, A. (1951). The Problem of Chronology and Early Hittite History. *Bulletin of the American Schools of Oriental Research* 122, 18–25.

Goodnick Westenholz, J. (2007). Notes on the Old Assyrian Sargon Legend. *Iraq* 69, 21–27.

Güterbock, H. (1938). Die historische Tradition und ihre literarische Gestaltung bei Babyloniern und Hethitern bis 1200 (2. Teil: Hethiter). *Zeitschrift für Assyriologie und Vorderasiatische Archäologie* 44, 45–149.

Güterbock, H. G. (1964a). Sargon of Akkad Mentioned by Ḫattušili I of Ḫatti. *Journal of Cuneiform Studies* 18, 1–6.

Güterbock, H. G. (1964b). A View of Hittite Literature. *Journal of the American Oriental Society* 84, 107–115.

Güterbock, H. G. (1970). The Predecessors of Šuppiluliuma Again. *Journal of Near Eastern Studies* 29, 73–77.

Güterbock, H. G. (1978). Hethitische Literatur. In: W. Röllig (Hg.), *Altorientalische Literaturen* (Neues Handbuch der Literaturwissenschaft 1), 211–253. Wiesbaden: Akademische Verlagsgesellschaft Athenaion.

Gurney, O. R. (1962). Anatolia c. 1750–1600 B.C. In: *The Cambridge Ancient History, Revised edition, Vol. 2, Chapter VI*, 3–32. Cambridge: Cambridge University Press.

Gurney, O. R. (1966 [1973]). Anatolia c. 1600–1380 B.C. In: *The Cambridge Ancient History, Revised edition, Vol. 2, Chapter XV*, 659–685. Cambridge: Cambridge University Press.

Haas, V. (1977). Zalpa, die Stadt am Schwarzen Meer und das althethitische Königtum. *Mitteilungen der Deutschen Orient-Gesellschaft zu Berlin* 109, 15–26.

Hawkins, J. D. (2024). *Corpus of Hieroglyphic Luwian Inscriptions, Vol. 3: Inscriptions of the Hittite Empire and New Inscriptions of the Iron Age. In collaboration with Mark Weeden, prepared for publication by Junko Taniguchi.* Berlin/Boston: De Gruyter.

Hecker, K. (2006). Altassyrische Briefe. In: B. Janowski und G. Wilhelm (Hg.), *Texte aus der Umwelt des Alten Testaments*, Neue Folge Bd. 3. *Briefe*, 77–100. Gütersloh: Gütersloher Verlagshaus.

Herbordt, S. (2005). *Die Prinzen- und Beamtensiegel der hethitischen Großreichszeit auf Tonbullen aus dem Nişantepe-Archiv in Hattusa. Mit Kommentaren zu den Siegelinschriften und Hieroglyphen von J. David Hawkins* (Boğazköy-Ḫattuša 19). Mainz: Philipp von Zabern.

Herrmann, V. R., Manning, S. W., Morgan, K. R., Soldi, S. und Schloen, D. (2023). New evidence for Middle Bronze Age chronology from the Syro-Anatolian frontier. *Antiquity* 97, 654–673.

Hoffmann, I. (1984). *Der Erlass Telipinus* (Texte der Hethiter 11). Heidelberg: Winter.

Hoffner, H. A. (1980). Histories and Historians of the Ancient Near East: The Hittites. *Orientalia Nova Series* 49, 283 – 332.

Kammenhuber, A. (1968). *Die Arier im Vorderen Orient.* Heidelberg: Winter.

Kempinski, A. und Košak, S. (1982). CTH 13: The Extensive Annals of Hattušili I (?). *Tel Aviv* 9, 87 – 116.

Klengel, H. (1999). *Geschichte des hethitischen Reiches* (Handbuch der Orientalistik I/34). Leiden/Boston/Köln: Brill.

Klinger, J. (1996). *Untersuchungen zur Rekonstruktion der hattischen Kultschicht* (Studien zu den Boğazköy-Texten 37). Wiesbaden: Harrassowitz.

Klinger, J. (2008). Geschichte oder Geschichten – zum literarischen Charakter der hethitischen Historiographie. In: K. P. Adam (Hg.), *Historiographie in der Antike*, 27 – 48. Berlin/New York: De Gruyter.

Klinger, J. (2017). Die Entwicklung von Herrschergenealogien bei den hethitischen Großkönigen. In: A.-B. Renger und M. Witte (Hg.), *Sukzession in Religionen. Autorisierung, Legitimierung, Wissenstransfer*, 55 – 84. Berlin/Boston: De Gruyter.

Klinger, J. (2022a). Zu den Anfängen der hethitischen Überlieferung überhaupt und zur Methode der paläographischen Textdatierung. In: E. Cancik-Kirschbaum und I. Schrakamp (Hg.), *Transfer, Adaption und Neukonfiguration von Schrift- und Sprachwissen im Alten Orient*, 255 – 340. Wiesbaden: Harrassowitz.

Klinger, J. (2022b). The Hittite Writing Traditions of Cuneiform Documents. In: S. de Martino (Hg.), *Handbook Hittite Empire: Power Structures*, 93 – 155. Berlin/Boston: De Gruyter.

Kloekhorst, A. (2019). *Kanišite Hittite. The Earliest Attested Record of Indo-European* (Handbuch der Orientalistik I/132). Leiden/Boston: Brill.

Kloekhorst, A. (2020). The Authorship of the Old Hittite Palace Chronicle (CTH 8): A Case for Anitta. *Journal of Cuneiform Studies* 72, 143 – 155.

Kloekhorst, A. (2021). A New Interpretation of the Old Hittite Zalpa-Text (CTH 3.1): Nēša as the Capital under Ḫuzzii̯a I, Labarna I, and Ḫattušili I. *Journal of the American Oriental Society* 141.3, 557 – 575.

Kloekhorst, A. und Waal, W. (2019). A Hittite Scribal Tradition Predating the Tablet Collections of Ḫattuša? *Zeitschrift für Assyriologie und Vorderasiatische Archäologie* 109.1, 189 – 203.

Koselleck, R. (1973). Geschichte, Geschichten und formale Zeitstrukturen. In: R. Koselleck und W.-D. Stempel (Hg.), *Geschichte – Ereignis und Erzählung* (Poetik und Hermeneutik. Arbeitsergebnisse einer Forschungsgruppe 5), 211 – 222. München: Wilhelm Fink Verlag.

Koselleck, R. (1977). Standortbindung und Zeitlichkeit. Ein Beitrag zur historiographischen Erschließung der Welt. In: R. Koselleck, W. Mommsen und J. Rüsen (Hg.), *Objektivität und Parteilichkeit in der Geschichtswissenschaft* (Beiträge zur Historik 1), 17 – 46. München: dtv.

Koselleck, R. (2000). Moderne Sozialgeschichte und historische Zeiten [1987]. In: R. Koselleck, *Zeitschichten. Studien zur Historik*, 317 – 335. Frankfurt am Main: Suhrkamp.

Kryszat, G. (2016 – 2018). Zuzu. In: M. P. Streck (Hg.), *Reallexikon der Assyriologie und Vorderasiatischen Archäologie*, Bd. 15, 349 – 350. Berlin/Boston: De Gruyter.

Landwehr, A. (2020). *Diesseits der Geschichte: für eine andere Historiographie.* Göttingen: Wallstein Verlag.

Lauinger, J. (2015). *Following the man of Yamhad: settlement and territory at Old Babylonian Alalah* (Culture and History of the Ancient Near East 75). Leiden: Brill.

Mann, T. (2018). *Joseph und seine Brüder I – Die Geschichten Jaakobs.* (J. Assmann, D. Borchmeyer und S. Stachorski, Hg.) Frankfurt am Main: S. Fischer Verlag.

Martínez, J. (2016). The Evidence for Hurma as Early Hittite Capital in the Old Kingdom. In: H. Marquardt, S. Reichmuth und J. V. García Trabazo (Hg.), *Anatolica et indogermanica. Studia linguistica in honorem Johannis Tischler septuagenarii dedicata* (Innsbrucker Beiträge zur Sprachwissenschaft 155), 173 – 190. Innsbruck: Institut für Sprachen und Literaturen der Universität Innsbruck.

Matthews, R. und Glatz, C. (2009). The Historical Geography of North-Central Anatolia in the Hittite Period: Texts and Archaeology in Concert. *Anatolian Studies* 59, 51 – 72.

Meier, Chr. (1975). Geschichte, Historie, II. Antike. In: O. Brunner, W. Conze, R. Koselleck (Hg.), *Geschichtliche Grundbegriffe. Historisches Lexikon zur politisch-sozialen Sprache in Deutschland*, Bd. 2 E-G, 595 – 610. Stuttgart: Klett-Cotta.

Michel, C. (2001). *Correspondance des marchands de Kaniš au début du IIe millénaire avant J.-C.* (Littératures du Proche-Orient ancien 19). Paris: Éditions du Cerf.

Miller, J. L. (2001). Anum-Hirbi and His Kingdom. *Altorientalische Forschungen* 28, 65 – 101.

Miller, J. L. (2004). *Studies in the Origins, Development and Interpretation of the Kizzuwatna Rituals* (Studien zu den Boğazköy-Texten 46). Wiesbaden: Harrassowitz.

Miller, J. L. (2009 – 2011). Š$^{a/i}$naḫu(i)t(ta). In: M. P. Streck (Hg.), *Reallexikon der Assyriologie und Vorderasiatischen Archäologie*, Bd. 12, 4 – 6. Berlin/Boston: De Gruyter.

Miller, J. L. (i. Vb.). Preserving the Word of the King and the Word of the Father: New Joins to the Political Counsel of Mursili I.

Neu, E. (1974). *Der Anitta-Text* (Studien zu den Boğazköy-Texten 18). Wiesbaden: Harrassowitz.

Osborne, J. F. (2018). History and temporality in Bronze Age Anatolia: the King of Battle narrative in archaeological and historical tradition. *World Archaeology* 51, 1 – 17.

Otten, H. (1958). Vorläufiger Bericht über die Ausgrabungen in Boğazköy im Jahre 1957. Keilschrifttexte. *Mitteilungen der Deutschen Orient-Gesellschaft zu Berlin* 91, 73 – 84.

Otten, H. (1968). *Die hethitischen historischen Quellen und die altorientalische Chronologie* (Akademie der Wissenschaften und der Literatur Mainz: Abhandlungen der Geistes- und Sozialwissenschaftlichen Klasse 1968,3). Mainz: Verlag der Akademie der Wissenschaften und der Literatur.

Otten, H. (1973). *Eine althethitische Erzählung um die Stadt Zalpa* (Studien zu den Boğazköy-Texten 17). Wiesbaden: Harrassowitz.

Patzek, B. (1996). Mythopoiia und Geschichtsbewusstsein bei den Griechen. In: Verein zur Förderung der Aufarbeitung der Hellenischen Geschichte e.V. (Hg.), *Hellenische Mythologie, Vorgeschichte – Die Hellenen und ihre Nachbarn von der Vorgeschichte bis zur klassischen Periode, Tagung 9.–11.12.1994 Ohlstadt*, 149 – 158. Altenburg: DZA Verlag.

Pecchioli Daddi, F. (1994). Il re, il padre del re, il nonno del re. *Orientis Antiqui Miscellanea* 1, 75 – 91.

Pringle, J. (1993). *Hittite Kinship and Marriage: A Study Based on the Cuneiform Texts from 2nd Millennium Boğazköy*. Dissertation. London: School of Oriental and African Studies, University of London.

Puhvel, J. (1984). *Hittite Etymological Dictionary, Vol. 1: Words beginning with A; Vol. 2: Words beginning with E and I.* Berlin/New York/Amsterdam: De Gruyter.

Quack, J. F. (2002). Zwischen Sonne und Mond – Zeitrechnung im Alten Ägypten. In: H. Falk (Hg.), *Vom Herrscher zur Dynastie. Zum Wesen kontinuierlicher Zeitrechnung in Antike und Gegenwart* (Vergleichende Studien zu Antike und Orient 1), 27 – 67. Bremen: Hempen Verlag.

Riemschneider, K. K. (1971). Die Thronfolgeordnung im althethitischen Reich. In: H. Klengel (Hg.), *Beiträge zur sozialen Struktur des Alten Vorderasien*, 79 – 102. Berlin/Boston: De Gruyter.

Rüsen, J. (2011). Historik: Umriss einer Theorie der Geschichtswissenschaft. *Erwägen - Wissen - Ethik* 22.4, 477 – 490.

Rüsen, J. (2013). *Historik: Theorie der Geschichtswissenschaft.* Köln/Weimar/Wien: Böhlau Verlag.

Schachner, A. (2011). *Hattuscha. Auf der Suche nach dem sagenhaften Großreich der Hethiter.* München: C.H. Beck.

Schachner, A. (2018). Assur Ticaret Kolonileri Çağı'ndaki Hattuş / The City of Hattuš During the Old Assyrian Trade Colonies Period. In: K. Köroğlu und S. F. Adalı (Hg.), *Assurlular: Dicle'den Toroslar'a Tanrı Assur'un Krallığı / The Assyrians: Kingdom of the God Aššur from Tigris to Taurus* (Tüpraş Anadolu Uygarlıkları Serisi 7 / Tüpraş Anatolian Civilizations Series 7), 84 – 105. Istanbul: Yapı Kredi Yayınları.

Schachner, A. (2020). The Power of Geography. Criteria for Selecting the Location of Hattuša, the Capital City of the Hittite Empire. In: M. Cammarosano, E. Devecchi und M. Viano (Hg.), *talugaeš witteš: Ancient Near Eastern Studies Presented to Stefano de Martino on the Occasion of his 65th Birthday* (Kasion 2), 399 – 420. Münster: Zaphon.

Schachner, A. (2024). A new look at an ancient city: An outline of the chronological and urban development of the Hittite capital Ḫattuša. *Anatolian Studies* 74, 1 – 34.

Schachner, A. und Krüger, D. (2019). Boğazköy-Ḫattuša, Türkei. Die Grabung in der nördlichen Unterstadt von Ḫattuša. Die Arbeiten der Jahre 2017 und 2018. *E-Forschungsberichte des DAI* 2019.1, 206 – 211. https://doi.org/10.34780/17bu-ayaw.

Selz, G. J. (2004). „Tief ist der Brunnen der Vergangenheit." Zu „Leben" und „Tod" nach Quellen der mesopotamischen Frühzeit - Interaktionen zwischen Diesseits und Jenseits. In: F. Schipper (Hg.), *Zwischen Euphrat und Tigris. Österreichische Forschungen zum Alten Orient* (Wiener Offene Orientalistik 3), 39 – 59. Wien: LIT.

Simon, Zs. (2020). The Ancestors of Labarna I and the Cruciform Seal. *Asia Anteriore Antica. Journal of Ancient Near Eastern Cultures* 2, 181 – 191.

Sommer, F., Falkenstein, A. (1938). *Die hethitisch-akkadische Bilingue des Ḫattušili I. (Labarna II).* München: Bayerische Akademie der Wissenschaften.

Soysal, O. (1989). *Mursili I. - Eine historische Studie.* Dissertation. Würzburg: Julius-Maximilians-Universität Würzburg.

Starke, F. (1985). Der Erlass Telipinus. Zur Beurteilung der Sprache des Textes anlässlich eines kürzlich erschienenen Buches. *Welt des Orients* 16, 100 – 113.

Starke, F. (2019). Zu Ansatz, Lautung und Herkunft einiger luwischer Ländernamen des 12.–8. Jh. In: N. Bolatti Guzzo und P. Taracha (Hg.), „And I Knew Twelve Languages". A Tribute to Massimo Poetto on the Occasion of His 70th Birthday, 610 – 660. Warschau: Agade.

Steitler, Ch. (2017). *The Solar Deities of Bronze Age Anatolia. Studies in Texts of the Early Hittite Kingdom* (Studien zu den Boğazköy-Texten 62). Wiesbaden: Harrassowitz.

Stipich, B. (2012). „... Ich bin bei meinem Vater nicht beliebt...": Einige Bemerkungen zur Historizität des Zalpa-Textes. In: G. Wilhelm (Hg.), *Organization, Representation, and Symbols of Power in the Ancient Near East, Proceedings of the 54th Rencontre Assyriologique Internationale at Würzburg, 20 – 25 July 2008*, 699 – 714. Winona Lake: Eisenbrauns.

Streck, M. P. (2016 – 2018). Zeit (time). A. In Mesopotamien. In: M. P. Streck (Hg.), *Reallexikon der Assyriologie und Vorderasiatischen Archäologie*, Bd. 15, 246 – 248. Berlin/Boston: De Gruyter.

Sürenhagen, D. (1998). Verwandtschaftsbeziehungen und Erbrecht im althethitischen Königshaus vor Telipinu - Ein erneuter Erklärungsversuch. *Altorientalische Forschungen* 25, 75 – 94.

Torri, G. (2009). Sargon, Anitta, and the Hittite Kings against Purušḫanda. *Altorientalische Forschungen* 36, 110 – 118.

van de Mieroop, M. (2000). Sargon of Agade and His Successors in Anatolia. *Studi Micenei ed Egeo-Anatolici* 42/1, 133 – 159.

van den Hout, T. P. (1997). Hittite Canonical Compositions – Biography and Autobiography: The Proclamation of Telipinu. In: W. W. Hallo (Hg.), *The Context of Scripture, Vol. 1, Canonical Compositions from the Biblical World*, 194 – 198. Leiden/New York/Köln: Brill.

van den Hout, T. P. (2020). *A History of Hittite Literacy. Writing and Reading in Late Bronze-Age Anatolia (1650 – 1200 BC).* Cambridge: Cambridge University Press.

Weeden, M. (2022). The Hittite Empire. In: K. Radner, N. Moeller und D. Potts (Hg.), *The Oxford History of the Ancient Near East. Vol. 3: From the Hyksos to the Late Second Millennium BC*, 529 – 622. Oxford/New York: Oxford University Press.

Wilcke, C. (2001). Gestaltetes Altertum in antiker Gegenwart. Königslisten und Historiographie des älteren Mesopotamien. In: D. Kuhn und H. Stahl (Hg.), *Die Gegenwart des Altertums. Formen und Funktionen des Altertumsbezugs in den Hochkulturen der Alten Welt*, 93 – 116. Heidelberg: Edition Forum.

Wilhelm, G. (2003 – 2005). Pamba. In: D. O. Edzard und M. P. Streck (Hg.), *Reallexikon der Assyriologie und Vorderasiatischen Archäologie*, Bd. 10, 293. Berlin/Boston: De Gruyter.

Wilhelmi, L. (2016). Materiality and the Presence of the Anitta Text in Original and Secondary Context: Considerations on the Original Nature of the Proclamation of Anitta (CTH 1) and its Transmission as part of Hittite Traditional Literature. In: Th. E. Balke und Chr. Tsouparopoulou (Hg.), *Materiality of Writing in Early Mesopotamia* (Materiale Textkulturen 13), Berlin/Boston: De Gruyter, 223 – 239.

Yakubovich, I. (2020). Rez. zu: A. Kloekhorst 2019. *Zeitschrift für Assyriologie und Vorderasiatische Archäologie* 110, 278 – 288.

Yakubovich, I. (2022). Peoples and Languages. In: S. de Martino (Hg.), *Handbook Hittite Empire: Power Structure*, 3 – 43. Berlin/Boston: De Gruyter.

Register

Personennamen

Alexander der Große 45
Anitta 7–8, 12–14, 17–18, 20–21, 24–25, 29–33, 35, 38–43, 56, 58–62, 64
Anum-ḫirbe 14, 31, 38, 59
Arnuwanda I. 26, 44
Arnuwanda II. 26–27, 55

BU-Šarruma 24

Ḫalmaššuit (GN) 63
Ḫantili I. 36, 44
Ḫattušili I. 1,3, 6, 151–6, 19–20, 21–25, 27, 29–58, 63–64, 66
Ḫattušili II. 25, 30, 55
Ḫattušili III. 25–27, 30, 37, 55
Ḫuzzija 3, 13, 21, 24–27, 29–33, 36, 39–40, 44, 48, 55–61,63–65

Labarna 19–26, 29, 33, 42–43, 47–48, 50–57, 63, 66

Maḫuzzi 24
Muršili I. 19–20, 22, 24–27, 33–34, 36, 39, 42–32, 45–46, 48, 54–55, 66
Muršili II. 3, 6, 23–24, 26–27, 29, 45, 54–55, 65
Muršili III. 37

Narām-Sin 43

Pamba 43, 56
Papaḫdilmaḫ 23–24, 58
P/Wijušti 31, 43, 56, 61
Pitḫana 12, 31, 43, 56, 59–60, 64

Sargon 5, 38
Šiu (GN) 60–61
Šiušummi (GN) 12
Šuppiluliuma I. 6, 23, 26–27, 44, 55
Šuppiluliuma II. 19, 26–27, 55

Tabarna 45, 48
Tawananna 20, 47, 51–53
Telipinu 6, 18, 20–25, 29–30, 36, 44, 51, 53, 63
Tutḫalija I. 24, 26–27, 44
Tutḫalija II. 26
Tutḫalija IV. 26, 55

Uḫna 13, 30, 60

Zidanta 44
Zuzu 33, 58

Ortsnamen

Alalaḫ 34
Alaḫzina 33
Aleppo 40

Boğazköy 31, 35, 59

Ḫarkiuna 60
Ḫaršamna 14
Ḫatti 19, 21, 43, 56, 59

Ḫattuša 7, 19–21, 25, 30–32, 36–43, 48, 58–62, 64
Ḫur(u)ma 46–47, 50–52, 54, 58

Kaneš/Neša 1, 12, 29–30, 32–33, 39–42, 57–62, 64
Kuššara 12, 21, 25, 36–37, 39, 42, 47, 55, 64

Purušḫanda 60–62
Purušḫattum 59

Šalatiwara 61 – 62
Šanaḫuitta 21, 52

Taišama 14

Ullamma 60
Uršu 53

Zalp(uw)a 1, 12 – 13, 15 – 16, 29 – 32, 38 – 43, 45 – 50, 52, 54, 56 – 66

Textstellen

CTH 1 21
CTH 3 29
CTH 4 20
CTH 6 15, 20, 27
CTH 7 53
CTH 8 42
CTH 19 20 – 21, 53
CTH 91 25
CTH 122 26
CTH 610 - 611 44
CTH 661 44

HAB 16, 21 – 23, 46, 51 – 52

IBoT 2.132 63

KBo 1.11 53
KBo 3.1 20 – 21, 53
KBo 3.13 43
KBo 3.22 41
KBo 3.27 54
KBo 3.28 54
KBo 3.67 21
KBo 6.29+ 20
KBo 10.1 21 – 22
KBo 10.2 20
KBo 12.41+ 26
KBo 19.92 63
KBo 22.2 41
KBo 22.6 32
KBo 28.137 24
KBo 50.56 20
KBo 53.304, 4‘ 57
KUB 1.16 + KUB 40.65 15
KUB 11.7 24
KUB 26.71 11, 62
KUB 29.1 63
KUB 36.98+ 62
KUB 36.99 31, 59
KUB 57.63 63

TCL 19.1 14

In dieser Reihe sind bisher folgende Bände erschienen:

Band 2
Detel, Wolfgang. *Subjektive und objektive Zeit: Aristoteles und die moderne Zeit-Theorie.* Berlin/Boston: De Gruyter, 2021.

Band 3
Singer, P. N. *Time for the Ancients: Measurement, Theory, Experience.* Berlin/Boston: De Gruyter, 2022.

Band 4
Gertzen, Thomas L. *Aber die Zeit fürchtet die Pyramiden: Die Wissenschaften vom Alten Orient und die zeitliche Dimension von Kulturgeschichte.* Berlin/Boston: De Gruyter, 2022.

Band 6
Zachhuber, Johannes. *Time and Soul: From Aristotle to St. Augustine.* Berlin/Boston: De Gruyter, 2022.

Band 7
Golitsis, Pantelis. *Damascius' Philosophy of Time.* Berlin/Boston: De Gruyter, 2023.

Band 8
Defaux, Olivier. *La Table des rois: Contribution à l'histoire textuelle des ›Tables faciles‹ de Ptolémée.* Berlin/Boston: De Gruyter, 2023.

Band 9
Fischer, Julia (Hrsg.). *Zwiegespräche über die Zeit: Dialoge in der Berlin-Brandenburgischen Akademie der Wissenschaften aus Anlass des sechzigsten Geburtstags von Christoph Markschies.* Berlin/Boston: De Gruyter, 2024.

Band 10
Walter, Anke (Hrsg.). *The Temporality of Festivals: Approaches to Festive Time in Ancient Babylon, Greece, Rome, and Medieval China.* Berlin/Boston: De Gruyter, 2024.

Band 12
Sieroka, Norman. *Zeit-Hören: Erfahrungen, Taktungen, Musik.* Berlin/Boston: De Gruyter, 2024.

Band 13
Birk, Ralph/Coulon, Laurent (Hrsg.). *The Thebaid in Times of Crisis: Revolt and Response in Ptolemaic Egypt.* Berlin/Boston: De Gruyter, 2025.

Band 14
Pallavidini, Marta. *(A)synchronic (Re)actions: Crises and Their Perception in Hittite History.* Berlin/Boston: De Gruyter, 2025.

Band 15
Nosch, Marie-Louise Bech. *Time and Textiles in Ancient Greece.* Berlin/Boston: De Gruyter, 2025.

www.ingramcontent.com/pod-product-compliance
Lightning Source LLC
Chambersburg PA
CBHW051544230426
43669CB00015B/2715
9783119142007